日本の改革と
これからの
生産性運動

日本生産性本部
「生産性運動65周年記念大会実行委員会」編

生産性出版

はじめに

生産性運動は、２０２０年3月1日に65周年の節目を迎えた。

今日、新型コロナウイルスの感染拡大により、生産、消費、教育等多くの場面で、長期にわたり社会経済活動が制約されている。わが国が直面する人口減少や少子高齢化は確実に進み、財政赤字や社会保障制度等の課題は、深刻さを増している。

こうした状況下において、持続可能な経済社会を構築するためには、国民一人ひとりが持てる潜在力を発揮し、付加価値を生み出し、生産性を向上させていくことが不可欠である。今こそ、戦後復興に続く第二の生産性運動の推進が求められている。

日本生産性本部は、「生産性運動65周年記念事業」の一環として、２０２０年10月に、全国をオンラインで結び、「日本の改革とこれからの生産性運動 ～コロナ危機を超えて～」をテーマに、『生産性運動65周年記念大会』を開催した。

コロナ後を見据えた経済社会のあり方や生産性改革の展開についての基調討論と、5つのテーマ（人材育成、働き方・労使関係、経営革新、イノベーション、公正で活力ある経済社会の実現）に基づく15の分科会討論が行われた。討論では、生産性の観点から、多角的で活発な議論が展開され、生産性運動が新たに挑戦すべき多くの課題が提起された。

本書では、大会討論における登壇者の発言をもとに、持続可能な経済社会の構築にむけた79のメッセージを取り纏めた。

本書が、日本の未来を切り拓くべく、生産性向上に取り組むすべての人と組織にとって一助となれば幸いである。

2021年9月

公益財団法人日本生産性本部 会長

茂木友三郎

もくじ

政治家が率先して自らの働き方改革を。

日本生産性本部
副会長
東京大学元総長
佐々木毅

ささき・たけし
1965年東京大学法学部卒業、同年東京大学法学部助手。68年東京大学法学部助教授、78年東京大学法学部教授、2001年東京大学総長。21世紀臨調共同代表など歴任。

世界的にみても、日本の国会は、極めて短い時間しか開かれていない。会期制によって、がんじがらめになっている。新型コロナウイルスの感染拡大でも、通年国会だったら、「国会が機能しているので、（万一の場合は）用意がある」ので、国民にとっては心強く感じる。いつも議員数の削減が俎上に上るのは、「国会議員にもっと働いてほしい」と思っている国民が多いことの裏返しだ。通年国会だと、大臣たちが常に国会に呼ばれ、行政効率が悪くなるとの心配もあるだろう。しかし、日本の改革を進める当事者たちが、自らの働き方を改革し、さまざまな課題を国民と一緒に考えてもらいたい。政治と国民との信頼関係を構築するためにも、紙媒体で行われている政治資金報告書のデジタル化を率先して義務化すべきだし、国民の自己管理能力を高めるために、いくら税金を払ったかわからない源泉徴収制度をやめたらどうか。

経済成長を支えるのは常に人。労働市場の改革が急務。

日本生産性本部
副会長
政策研究大学院大学
特別教授
大田弘子

おおた・ひろこ
1976年一橋大学社会学部卒、大阪大学経済学部客員助教授を経て、96年埼玉大学大学院政策科学研究科助教授、2001年政策研究大学院大学教授。02年から05年内閣府に出向。06年から08年安倍・福田両内閣で内閣府特命担当大臣。09年から11年政策研究大学院大学副学長。

経済成長を支えるのは常に人である。デジタル変革が人の不安を掻き立てるものにならないよう、労働市場の改革を急がねばならない。デジタル化で企業の収益構造がソフトウェア型にシフトし、破壊的イノベーションの重要性も増しているため、企業は人材の多様化を進めており、これまでより転職が増えるだろう。多様な働き方も増える。一社への固定を前提とした労働関連の制度を見直し、労働移動を支える制度へ転換すべきだ。労働市場改革を議論すると、すぐに「解雇しやすくするのか」との批判が出る。しかし、すでに若者を中心に転職率が高まり、労働市場の構造は変化している。このままでは、なし崩し的に流動化が加速する恐れがある。「豊富な能力開発の機会」「多様な働き方を支えるセーフティネットの構築」「転職の受け皿となる成長分野を作るための規制改革」の三位一体改革が必要である。

○○の鍵は人材育成と安全網。

日本生産性本部
副会長
連合
会長
神津里季生

こうづ・りきお
東京大学卒業後、新日本製鐵入社。1984年、新日本製鐵本社労働組合執行委員。90年より在タイ日本国大使館に外交官として3年間勤務。新日鐵労連会長、基幹労連中央執行委員長などを経て、2013年日本労働組合総連合会事務局長に就任。15年より同会長。

○○には、さまざまな言葉が当てはまる。まずひとつは、「コロナ克服」。その心は、「失業なき労働移動の前提は安全網であり、それは人材育成とセットでなければならない」。「こういう仕事をしたいので、こういう力を磨きたい」という働く者の希望に応える仕組みが必要だし、例えば社会にとっても「今、デジタル人材が必要だ」といった要請があり、このご時世にも人手不足で頭を悩ませている業界がある。要は「マッチング」が大事であり、最適な組み合わせを実現する枠組みをどうつくるかが求められている。また、○○に「少子化」を当てはめれば、「若い人たちが子育てをしやすい世の中にするためにもこの2つが鍵」だ。「賃上げ」をはめて考えれば、働く者の意欲が向上し、仕事の質が高まる。つまり、労使がウィン・ウィンの関係を構築できるわけで、「生産性向上」の鍵もこの2つにあるということだ。

サービス品質を上げるとコストが下がり、生産性が向上する。クロネコは「見えないサービスの定量化」でそれを実現した。

日本生産性本部
副会長
ヤマトホールディングス
元社長
有富慶二

ありとみ・けいじ
1963年4月大和運輸株式会社入社（82年10月ヤマト運輸株式会社と改称）、97年6月代表取締役社長、2003年6月代表取締役会長、05年11月商号変更によりヤマトホールディングス株式会社代表取締役会長兼社長。公益社団法人経済同友会副代表幹事、内閣府規制改革会議委員などを歴任。現在は、公益財団法人がん研究会理事、EY新日本有限責任監査法人社外評議員、指名担当会議議長、報酬担当会議議長。

サービスの品質を上げると、コストが下がって、生産性が向上する。クロネコの宅急便が提供するさまざまなサービスがその事実を証明した。仕掛けとしては、サービスレベルを示すＫＰＩ（キー・パフォーマンス・インディケーター）を作ることが大事だ。サービスを提供するのは「人」なので、成果を見える形にすると、働く人たちはやる気が出るし、改善点もわかりやすい。「ＫＰＩ」とは、目標達成に向かって順調に進んでいるかを点検するための指標で、目には見えないサービスをどのように定量化するかが鍵になる。ヤマト運輸には、お客様との約束を守るために、翌日配達のレベルを可視化した「サービスレベルＫＰＩ」がある。デジタルトランスフォーメーション（ＤＸ）を活用し、中継地点である営業所間の配送状況が、ひと目でわかる。サービス業態ごとのＫＰＩを開発すれば、日本のサービス産業の生産性向上に役立つはずだ。

世界に遅れるデジタル人材育成。GIGAスクールを機に巻き返しを。

日本生産性本部
副会長
元文部科学大臣
トヨタ財団顧問
遠山敦子

とおやま・あつこ
1962年東京大学法学部卒業、初の女性キャリアとして文部省入省。高等教育局長などを経て、94年文化庁長官。96年駐トルコ日本大使。2001年小泉内閣の文部科学大臣に就任。その後、新国立劇場運営財団理事長、パナソニック教育財団、トヨタ財団などの理事長を歴任。現在は、トヨタ財団顧問、静岡県富士山世界遺産センター館長。

世界は大きく動いている。モノを売って利益を得るという従来の資本主義は見直しを迫られ、知識や情報に価値を置く経済社会へと移行している。知識集約社会で主役を演じるのは人間であり、イノベーティブで社会の役に立つようなことを考えられる人材の育成がこれまで以上に重要になっている。

世界の潮流はデジタル化に大きくシフトしているが、日本は何周も遅れている。行政、企業を始め社会全般のデジタル化の遅れは極めて深刻であり、生産性にもマイナスである。教育界も、ＯＥＣＤが２０１８年に実施した「生徒の学習到達度調査（ＰＩＳＡ）」によると、学校の授業で子供たちがデジタル機器を使用する頻度は加盟国で最下位だった。そこで、20年度から全ての小中高校に、一人一台の端末と高速大容量の通信ネットワークを一体的に整備し、デジタル教育の環境を整えるＧＩＧＡスクールが実現しはじめた。この画期的な計画の成功によって、未来社会を担う若者の基礎的素養の育成に資して欲しい。

コロナ後の国のカタチは多極分散から多極集中へ。

日本生産性本部
副会長
東京大学
公共政策大学院客員教授
増田寛也

ますだ・ひろや
1977年東京大学法学部卒業、建設省入省。95年から3期岩手県知事を務める。総務大臣、内閣府特命担当大臣（地方分権改革）などを歴任。東京大学公共政策大学院客員教授、野村総合研究所顧問、2020年1月から日本郵政社長。

新型コロナウイルスのパンデミック終息後の国土構造のあり方は、「多極分散」政策から方向転換し、「多極集中」政策を目指すべきだ。これまで日本が目指してきた分散政策は、工場や大学を外に追いやる規制が働き、失敗に終わった。これからは、グローバル経済で競争できる実力を備えた複数の集中都市を作ることが重要だ。東京の過度に集中している部分を、経済を傷めずに、できるだけ「密」を取り除いていけるかがカギを握る。三大都市以外に、札幌、仙台、広島、福岡、新潟などが候補の都市として考えられ、その他の都市についても、医療や教育など国民生活にかかわる部分をオンラインでつなげば、日本列島の利用価値をフルに高めることができる。白地図に描くなら簡単だが、今ある国土構造を変えるには、インセンティブ政策と規制緩和を使った力技が必要になる。日本の政治家にそれができるかどうかが問われている。

増えるプラットフォーム型労働。社会保障の抜本改革で参加促す。

日本生産性本部
副会長
全国労働組合生産性会議議長
UAゼンセン会長
松浦昭彦

まつうら・あきひこ
大阪大学経済学部卒業。1984年帝人入社。92年帝人労働組合執行委員。2000年ゼンセン同盟総合化学・繊維部会副書記長、02年UIゼンセン同盟化学部会副事務局長。10年UIゼンセン同盟書記長、16年UAゼンセン会長。日本労働組合総連合会副会長、日本生産性本部副会長、全国労働組合生産性会議議長。

ＩＣＴの発展とコロナ禍でのＥコマース需要の拡大で、若い人たちを中心に「プラットフォーム型労働」など多様な働き方が広がっている。こうした働き方の多くは現状、雇用労働者として認められていない。そのため、健康保険や年金などを企業が負担しておらず、すべての働く人たちについて、労使が薄く広く負担するという社会保障の根幹が揺らぐ。こうした雇用類似の働き方の人たちを社会保障の仕組みの中に、どう巻き込んでいくのかが課題だ。社会保障の抜本改革も避けては通れない。生産性向上を進めた結果、働く人たちの努力で生産性は１・５倍になったが、賃金は１・２倍にしかならなかった場合、持続可能な社会にはならない。働く者の賃金が増えなければ、社会保障の負担も賄えないし、給付を減らす一方の社会保障改革にしかならない。そうならないためにも、最低賃金の引き上げを先取りし、生産性向上を促すぐらいの姿勢が求められる。

生産性運動三原則の実践が日本を救う。あるいは、世界を救う。

日本生産性本部前副会長
全国労働組合生産性会議前議長
電機連合前中央執行委員長
野中孝泰

のなか・たかひろ
松下電器労働組合連合会（現パナソニックグループ労働組合連合会）副中央執行委員長、電機連合副中央執行委員長・書記長・中央執行委員長を歴任し、2016年から日本生産性本部副会長、全国労働組合生産性会議議長を務めた。

「生産性運動三原則」（雇用の維持拡大、労使の協力と協議、成果の公正な分配）の実践が日本を救う、あるいは、世界を救うと信じている。2020年のダボス会議では、企業の永続的な発展のためには、従来の株主重視の視点から、全てのステークホルダーを重視する資本主義へと転換すべきだというテーマで議論が行われた。これは、三原則の「成果の公正な分配」に通じるものであり、まさに、「我が意を得たり」だった。

今後は、「これから起こる大きな変化の先にどんな世界を創るのか」という社会像を持つことが大事になる。企業・産業の枠を超えたバリューチェーンの中で、それぞれの構成者に成果を公正に分配する仕組みづくりや、ビッグデータ利活用のルールの整備などデジタル社会を加速させるための基盤整備、さらには産業構造や雇用構造の変化に対しても、受け身ではなく、先行した議論が求められている。

生産性運動は「生産性向上運動」ではない。

連合
事務局長
相原康伸

あいはら・やすのぶ
法政大学経営学部卒業後、トヨタ自動車入社。トヨタ自動車労働組合を経て2002年全トヨタ労連事務局長。08年自動車総連事務局長、12年同会長、日本労働組合総連合会（連合）副会長。13年10月全国労働組合生産性会議議長。17年10月連合事務局長に就任。

生産性運動は、「生産性向上運動」ではない。つまり、単に、生産性を向上させるスキルや技能を上げるためにスタートした運動ではなく、個人の成長や社会・雇用の安定を目指す多面的な運動であると捉えることが肝要なのだ。デジタル化の時代の中で「職務の陳腐化」が言われるが、「いかにして職務を陳腐化させるか」ということも私たちに与えられたテーマである。仕事自体の価値を上げていくことを誰がどう判定してくれるのか、アウトプットに対する成果の見出し方や測定の仕方についても、私たち自身が深い知見を持たなければいけないと考えている。労使関係や生産性運動を背景に社会改革を進めていく立場に立つならば、「経済活動の結果として雇用がある」という理解ではなく、「雇用を新しい形にリメイクしていくことで経済社会活動に寄与していく」と捉えるべきであり、今後も議論と実践を重ねていく必要がある。

真っ当な企業経営とイノベーションを、いかに両立させていくかが課題だ。

一橋大学
イノベーション研究センター教授
青島矢一

あおしま・やいち
1996年マサチューセッツ工科大学スローン経営大学院博士課程卒業後、一橋大学産業経営研究所専任講師、イノベーション研究センター専任講師・助教授を経て2012年より現職。

経営者の行動が、１９９０年代中頃から利益を重視する傾向を強めたことに加え、異次元金融緩和などの追い風を受けたことにより、利益余剰金は２０１３年頃からかなり増加している。社会から託された資本をどのように将来に向けて投資しているかが、日本企業を考える重要なポイントだ。大手企業は、イノベーションを実現して生まれた利益を、余剰資源の創出に向け、さらなる革新活動を推進するサイクルを回していかなければ成長できない。つまり、真っ当な企業経営とイノベーションをいかに両立させていくかが、課題だ。大企業にはまだまだ余剰資源があり、有能な人材もいる。問題は、その資源が革新的なアイデアに結合していないことだ。ベンチャーへの投資を増やしているが、必ずしも上手くいっているとはいえない。組織内外のマネジメントを強化し、組織の境界を超えたイノベーションを実現することも、持続的成長には必要だと考えられる。

パーパスを使って納得感を醸成することが、日本企業で生産性を上げるベストな方法だ。

ボストンコンサルティンググループ
日本共同代表
秋池玲子

あきいけ・れいこ
早稲田大学理工学部大学院修士課程修了後、キリンビールに入社。マサチューセッツ工科大学経営学大学院修了。マッキンゼー・アンド・カンパニーを経て、産業再生機構に入社。九州産業交通取締役、関東自動車取締役、カネボウ化粧品社外取締役等を兼任。2006年11月、ボストン コンサルティング グループに入社。

経営幹部を含めた全社員の心を一つにし、活力が湧くような組織の理念のことを、最近、「パーパス」と言い表すようになった。大きな変化の中で自分たちがどこに向かっているのかを明確にする必要があり、多様であるがゆえに、みなで共有するものが重要になっているからだろう。人に行動の変化を促そうとするとき、行動の前提となるその人の考え方自体を変えるのは大変難しく、「納得」を得ることで行動の変化が起こる方が望ましい。そのためには、「組織の構造や仕事のプロセスを変えてしまうハードなやり方」や「評価や人材育成の方法を変えて行動変容を促す中間的なやり方」以上に「パーパスを使って納得感を醸成するソフトなやり方」が効果が大きい。日本の組織には、昔から理念があり、目指す姿というものを持っている。人の心に働きかけることで行動を変え、生産性を上げていくことができるのではないか。

ダイバーシティは結局、個々に合わせること。一人ひとりの最適化を実現できた会社が強い。

フジクラ
CHO補佐
フジクラ健康社会研究所
CEO
浅野健一郎

あさの・けんいちろう
2019年6月から、フジクラ健康社会研究所代表取締役。19年から社会的健康戦略研究所の代表理事を兼任。現在、経済産業省次世代ヘルスケア産業協議会健康投資WG専門委員、厚生労働省日本健康会議健康スコアリングWG委員、厚生労働省肝炎対策プロジェクト実行委員など多数兼任。

健康経営を考える上で最も重要なのは、経営学的な観点だ。「経営資源の使い方が競争優位性の源泉」であり、「経営資源の模倣困難性が高いほど競争優位性を長く持続できる」とするジェイ・バーニー氏の考えを当てはめれば、労働流動性の低い日本の場合、模倣困難性の高い特性を持った従業員が多いことが、企業の競争優位性の持続性を高めることになる。経営学的に健康経営の意味を捉えてリソースを見ると、何を解決するのか、従業員にどうなってほしいか、模倣困難性は何かなどの戦略ポイントが明確になる。先の見えない社会に突入している中、人に向き合うことが非常に大事だ。「ダイバーシティ」は結局、「個々に合わせる」ことで、一人ひとりの最適化をどう進めるかという視点で、働き方や生産性、健康などを統合し、個別化することができた会社が強くなる。そのキーワードが「健康経営」だと信じている。

コロナは未来を10年早く連れてきた。「変えられない病」克服は待ったなし。

アサヒグループホールディングス
特別顧問
泉谷直木

いずみや・なおき
1972年アサヒグループホールディングスアサヒビール株式会社入社。2010年同社社長、11年アサヒグループホールディングス社長兼COO、14年社長兼CEO、16年会長兼CEO、19年会長兼取締役会議長、21年3月特別顧問（現在に至る）。

競争戦略を中心とした経営では、もはや生き残れない。人口減少で市場が縮小する中で、競争を続けると、価格が崩れ、誰も幸せではない状態に陥る。今は共創戦略が重要で、今起こっている事実に対応できる「ファクト経営」の実践が求められている。WHAT（何を）とWHY（なぜ）のデザインを明確化し、HOW（どのように）とHOW TO（方法）のデザインを示すことが必要だ。「（このままではだめだと）分かっているけど変えられない病」が蔓延しているが、コロナは未来を10年早く連れてきており、企業風土の改革は待ったなしだ。経営者が自社の将来の姿を示して「見える化」し、上司が部門の仕事に落とし込み、現場の社員に納得させる「わかる化」が進めば、社員は自ら考え、自ら行動する「できる化」へとつながる。「2つの経営デザイン」と3つの「〜化」が、時代の変化に対応して再定義した「顧客価値経営」への道を拓く。

地域の活性化・発展は地産地消では実現できない。地域と都市部がそれぞれ役割を果たす必要がある。

住友林業
会長
市川晃

いちかわ・あきら
1978年4月、住友林業入社。2007年執行役員、08年取締役に就任。10年代表取締役社長を経て、20年代表取締役会長就任。現在、日本木造住宅産業協会会長、経済同友会副代表幹事などを務める。第32次地方制度調査会会長。

自治体間の広域連携の仕組みは整ってきており、地勢的な連携以外でも多様な形がある。広域連携を進めるにあたり、最も重要な住民の納得を得るという為にも、地域毎に異なる課題や資源制約について長期的・客観的な見通しをもとに、どの地域と組み、どのように補完すべきかといった議論が必要だ。林業の観点から地方創生を考えた際、大きな課題は「木材の需要創出」と「地域の林産業の競争力強化」である。住宅着工が減少する中、特に都心部にて積極的な中高層建築の木造化・木質化の需要喚起が重要だ。加えて、日本は欧州の林産業と比べコスト競争力が低い。住友林業では、会津の市町村と森林活用プロジェクトを進め、森林管理等のノウハウを提供するとともに、生産された木材を建築からバイオマス利用に至るまで幅広い用途への活用を推進している。

地域の活性化・発展は、いわゆる地産地消では実現できず、地域と都市部がそれぞれ役割を果たす必要がある。

噛み合っているから変えられない。
経路依存症脱却へラストチャンス。

早稲田大学
ビジネススクール教授
入山章栄

いりやま・あきえ
慶應義塾大学経済学部卒業、同大学院経済学研究科修士課程修了。三菱総合研究所で主に自動車メーカーや国内外政府機関へのコンサルティング業務に従事した後、2008年に米ピッツバーグ大学経営大学院よりPh.D.を取得。同年より米ニューヨーク州立大学バッファロー校ビジネススクール助教授。13年から現職。

変化が激しい時代に企業が成長するためにはイノベーションを起こしていく必要があるが、日本企業が新たな価値創出に向けた変革が進まない原因として、「経路依存症」の問題が大きい。会社や社会はさまざまな要素が絡み合い、合理的に回ることで存続している。噛み合っているからこそ、一つの要素だけを変えることが難しい。典型例がダイバーシティで、多様な人材を増やしたければ、新卒一括採用を廃止して、評価制度や働き方も多様でなければいけないのにそれができない。

平成の30年、日本企業が変わることを阻んできた「経路依存症」を脱却するための奇跡的なチャンスが今、訪れている。コロナ禍でリモート制度ではジョブを明確化する必要があり、業務が整理され、ジョブ型雇用が広がっていくことが予想される。副業する人が増え、あらゆる業種でDXも進む。これまで変革できなかった会社にとって、「全部変えられる」最後のチャンスだ。

起業しやすい世の中をつくることで、退職し、外で頑張った人が戻ってくる。

Shiftall
CEO
岩佐琢磨

いわさ・たくま
立命館大学大学院理工学研究科修了。2003年からパナソニックにてネット接続型家電の商品企画に従事。08年より、ネットワーク接続型家電の開発・販売を行なうCerevoを立ち上げ。18年Shiftallを設立し、CEOに就任。

パナソニックを一度退職して、スタートアップ「Cerevo」を起業。それを売却する形でチームを引き連れてパナソニックに戻り、現在は「Shiftall」というグループ会社の代表を務めている。市場の状況が劇的に変わり、トレンドが短命化し、ファーストムーバーしかマーケットをドミナントできない。短期間で開発して、時間をかけずに市場に投入することを意識している。従来型のR&Dと混ざらずに、「出島」のチームとして、IoTが全てできるメンバーとやっている。家電業界では、PDCAのDから始まって、Dに戻るというプロセスが最近流行りつつある手法の一つ。「iRobot」は一回市場に出した上でどうすべきかをプランしている。僕たちもそうありたい。

起業しやすい世の中を作ることが大切だ。大企業ではいまだに新規取引先や個人への発注がやりづらい。こういう仕組みを社会全体で変えていけば、一度退職して、外で頑張った人が戻ってくるというようなケースが増えていくと思う。

「一人ひとりがプロフェッショナル」人事制度改革の基本をぶれずに伝えた。

アルプス物流
社長
臼居賢

うすい・まさる
1981年4月、アルプス電気（現アルプスアルパイン）入社。2006年6月取締役。13年6月アルプス物流常務取締役営業担当、14年6月から現職。

アルプス物流の人材不足の原因を探ったところ、仕事と処遇が合わない、役割と人（仕事と能力）が合わない、この二つの問題にたどり着いた。役割に求められるものに変化があって、そこに人材が追い付いていないということが分かった。顧客や市場に適応するために戦略を日々変化させているが、人事制度が変わっていなかったということだ。改革の骨子の一つは、戦略と仕事の変化に合わせ、役割を再定義し、その役割を中心に評価・処遇・育成を行う仕組みに移行すること。もう一つは、国内外すべての従業員に対し、一人ひとりがプロフェッショナルとして活躍できる場を提供することだ。さまざまな成果が出てくるまで、時間はかかった。一貫性を保ち、制度をメンテナンスしながら現場に展開・浸透させることに尽力してきた。「社員一人ひとりがプロフェッショナル」という、基本的な考えをぶれずに伝えたことが良かったと思う。

コロナ禍の不安と負担は個人と家庭にのしかかる。「公助」と「地域コミュニティ」の役割が重要だ。

東京大学
社会科学研究所教授
宇野重規

うの・しげき
1999年東京大学社会科学研究所助教授。2000年在外研究（フランス、社会科学高等研究院客員研究員）、07年東京大学社会科学研究所准教授、10年在外研究（コーネル大学法科大学院）、11年東京大学社会科学研究所教授、20年東京大学社会科学研究所副所長。

コロナ禍でソーシャルディスタンスが生活の前提になりつつあり、日本の社会におけるオンライン化が進んだ。良くなった部分と足りない部分の両面を考えていかなければならない。「本当に会いたい人と会って話せる環境」をどのように整備していくかは、大切な問題だ。一方、すべての人がオンライン化のメリットを享受しているわけではない。リスクを覚悟しつつ社会の基幹的部分を支えるエッセンシャルワーカーの存在を忘れてはならない。コロナが与える影響は非常に偏りがあり、特定のところに負担が重くのしかかっている。格差の問題がコロナ禍の中で悪化する危険性もある。コロナ禍の不安と負担は個人と家庭にのしかかっている。「公助」と「地域コミュニティ」の役割が重要だ。すべての個人が、必要なサポートを受けつつ、自由に生き方、働き方を選べるようにすることこそ、議論していくべき方向性だ。

企業が時を超えて教えているのは、自己変革の哲学である。
企業は、社会とともに若者とともに成長していく。

帝人
相談役
大八木成男

おおやぎ・しげお
1971年、慶應義塾大学経済学部卒業後、帝人入社。75年バブソン大学大学院留学。92年医薬営業企画部長、98年東京支店長、99年執行役員、2005年常務、06年専務、08年社長、14年会長。18年6月から現職。三菱UFJ銀行社外取締役監査等委員、東京電力ホールディングス社外取締役、JFEホールディングス社外監査役、KDDI社外取締役。

危機は常に弱さをあぶりだす。それを教訓に我々は何をすべきかを考えなければならない。２００８年のリーマン・ショックを教訓に、日本企業はポートフォリオ変革に取り組んだ。今度の新型コロナウイルスの経済危機を契機に何に取り組むべきか。

企業は、事業活動そのもののあり方を点検しなければならない。デジタル化の遅れが浮き彫りになったが、事業現場のデジタル化や人材への長期投資により、企業文化を変革していく姿勢が重要になる。企業が時間をかけて教えるのは、成長を目指す自己変革の哲学である。

企業がサステナブルに成長を遂げていくには、若者が学んだ経験値を、取り込みながら、成長していくという視点が重要である。生産性運動三原則の雇用の維持・拡大では、長期の雇用関係をどうすれば維持できるかということもクローズアップされるべきだろう。

5つの「ふ」の時代に求められるトップリーダー像。原理・原則と直観力に基づく経営判断が好機をもたらす。

三井住友フィナンシャルグループ
名誉顧問
奥正之

おく・まさゆき
京都大学法学部卒業後、1968年住友銀行（現・三井住友銀行）入行。75年米国ミシガン・ロー・スクール修士。94年取締役企画部長、99年さくら銀行との統合戦略委員会事務局長を経て、2001年三井住友銀行専務、05年同頭取兼三井住友フィナンシャルグループ会長。11年頭取退任、17年会長退任し現職。11年から15年まで日本経済団体連合会副会長。

21世紀前半の世界は、「不確実」、「不安定」、「不透明」、「不連続」、そして「複雑」という5つの「ふ」の時代であり、足許のコロナ影響は、この動きをさらに加速させるであろう。このような中、日本は今まさに、豊かなる衰退への道をたどるか、成長軌道を走り続けられるかの岐路に立っている。

こうした時代のトップリーダーは、グローバルな広い視野のほか、危機の兆しを見分ける研ぎ澄まされたリスク感覚や、危機から抜け出す知恵と突破力が求められる。また、リーダー自らが、プリンシプル（原理・原則）を持ち、「Follow the basics」を継続できる力を身につけ、ビジネスチャンスをモノにすることが大切だ。変化の激しい時代にチャンスを掴むためには、常に直観力を磨き、スピードある経営判断に繋げることが重要であろう。こうした次世代リーダーの育成のために、我々は知恵を出し合っていく必要がある。

各部門・事業所にカスタマイズを許すな。国際標準のDXだけが生産性を高める。

KDDI
相談役
小野寺正

おのでら・ただし
東北大学工学部電気工学科卒業後、日本電信電話公社（現・NTT）を経て、1984年に電気通信自由化に伴い誕生した第二電電（DDI）に転じる。2000年にDDI、KDD（国際電信電話）、IDO（日本移動通信）の合併によって、ディーディーアイ（現KDDI）が発足し、副社長に就任。01年社長、05年社長兼会長、10年会長、18年から現職。

デジタル・トランスフォーメイション（DX）は単にデジタル化を進めると言うことではない。デジタル化を契機に、仕事のやり方、組織そのものをトランスフォーメイション（変化・変革）し、生産性を上げることである。その際、会社内の各組織が現状の仕事のやり方、組織を変えずに紙ベースを単にデジタル化したのではむしろ生産性を下げることが多い。DXは経営トップ自らが中心になり、しっかりグリップを効かせ進めるべきである。諸外国ではグローバルな標準システムに自社の仕事のやり方や組織を合わせることにより生産性を上げるとともにコスト削減を図っている。それに対し我が国では各組織が、従来の仕事のやり方や組織をベースにカスタマイズを要求するため、コストが上がるだけでなくOSのバージョンアップにカスタマイズが追いつかず時間を要したり、生産性も諸外国に比較し上がりにくくなっている。

DXをやるときには、仕事のやり方や組織を変えてでも標準に合わせる意識改革が重要であり、意識改革こそがイノベーションにつながる。

リモートワークはその人の仕事の本質を現す。「首都圏」「地方」の言葉が無くなればと思う。

フューチャー
会長兼社長グループＣＥＯ
金丸恭文

かねまる・やすふみ
神戸大学工学部卒業、１９８９年フューチャーシステムコンサルティング（現・フューチャー）を設立。２０１６年持株会社体制に移行し代表取締役会長兼社長グループＣＥＯに就任。ＮＩＲＡ総合研究開発機構代表理事（会長）。

コロナ禍の中、フューチャーはリモートワークへとシフトし、物理的な制約からの解放を実現した。仕事はタスクベース、プロジェクトベースになっているが、チャットツールで仕事の進捗を見ていると、役職や地位に関係なくその人の実力が顕在化していくことがよく分かる。情報が速やかに共有されるだけでなく、その場で議論が行われ、最終的に意思決定がスピーディーに行われる。そこでは形式や役職も関係なく、仕事の本質が現れているのだと思う。社会全体では、兼業・副業が促進され、自己実現の多様な選択が可能になるのではないか。日本全体として、フリーランスへの支援を充実させていくことも重要だ。来たる5Gの時代を考えたとき、「首都圏」や「地方」という言葉が真に無くなればいいと強く思う。そのためにも、オンライン教育の環境整備は、すぐさま行うべきだ。さらに、オンライン診療の実現も、優先順位の高い課題である。

生産性向上は人材育成で決まる。

日本生産性本部
主席経営コンサルタント
加納良一

かのう・りょういち
慶応義塾大学経済学部卒業。大学院修士・博士課程修了。博士（学術）。素材メーカーにて、新規事業の企画・マーケティングなどに従事。日本生産性本部経営コンサルタント養成講座を修了、本部経営コンサルタントとして、各種事業体の診断指導、人材育成の任にあたる。

生産性を一言で表すならば、「インプットに対するアウトプットの割合」。インプットは、通常は人材の数であるが、その人材に蓄積される技術・ノウハウ、経営活動により生まれるブランド価値、商品・サービスなどと考えたい。一方のアウトプットは、付加価値を代表とする企業価値に、顧客価値、人材成長をはじめとした経営資源の蓄積なども含めてとらえたい。インプットに対してより高いアウトプットにすることができれば、さらに高い価値の資源を蓄積・再投入でき、持続的な生産性向上につなげることができる。だから、コンサルティングによる支援の中では、まず人材の高度化に向けたあらゆる教育プログラムを実施する。ＯＦＦ‐ＪＴに加え、日々のＯＪＴを含む人材マネジメント、従業員が身につけた能力をフルに発揮するための人事制度設計なども行い、インプットからアウトプットに至る価値向上プロセスの中で高度な人材育成を実現することを目指す。

楽しい系、充実系の心理状態を上げることで、ポジティブな心の健康・働きがいを実現する。

東京大学
大学院医学系研究科
精神保健学分野教授
川上憲人

かわかみ・のりと
1985年3月東京大学大学院医学系博士課程、東京大学医学部助手。米国テキサス大学公衆衛生大学院客員研究員、岐阜大学医学部助教授、岡山大学医学部教授を経て、2006年4月東京大学大学院医学系研究科健康科学・看護学専攻教授。

生産性のために「ポジティブな心の健康（メンタル・ウェルビーイング）」に着目する視点は世界的に広がっている。ポジティブな心の健康・働きがいの実現は、２０１５年に国連で採択された「ＳＤＧｓ」が設定した目標の一つでもある。働く人の心の健康を目指した生産性向上の施策としては、楽しい系（ポジティブな気持ち・ワークエンゲージメント）と充実系（意義とやりがい・達成感）の心理状態を上げていくことが中心。日本生産性本部と東京大学大学院医学系研究科精神保健学分野が２０１２年12月に立ち上げた「健康いきいき職場づくりフォーラム」は、「過重労働やストレスの防止」「従業員のいきいき」「職場の一体感」の3目標に向けた取り組みを同時に行い、活気ある人と組織を目指している。作業レベル・部署レベル・企業レベルで、それぞれの職場の強みを見つけ、それらを増やすほか、経営層を中心にさまざまな部署が横断的に連携している。

情熱を持ってハックすれば声は届く。

Zホールディングス
社長Co-CEO
ヤフー
社長CEO
川邊健太郎

かわべ・けんたろう
1999年電脳隊代表取締役社長、ピー・アイ・エム取締役を経て、2000年ヤフー（現Zホールディングス）入社。同社代表取締役社長Co-CEO、20年ZOZO取締役。

テレビは中立でなければならないという自主規制が働き、どれも同じようなものになる。インターネットでは、いろいろな人がいろいろな意見を言っていることを見ることができる。デジタルは民主主義を壊す懸念がある一方で、豊かな多様性をつくる側面もある。メディア空間が変わり、一般の人も、有識者も、以前より政治に声を届けやすくなった。伝わらないのは、伝える情熱と具体的な手法を持っていないからだ。伝えたいと思えば、もっとも簡単なのはツイッターを使うこと。問題について、共感を呼ぶ言葉で深く語ることができれば、リツイートされて、意思決定者が見る確率が高まる。リツイートをされたものを、記者やヤフーニュース個人のオーサーが拾って、ヤフーニュース個人で取り上げ、それをさらにテレビが取り上げて、最終的に意思決定者に届くこともある。伝えたい情熱があれば、ハックすればいい。

経営力強化の要諦は社長選びである。会社は社長の器以上にはならないからだ。

日立製作所
名誉会長
川村隆

かわむら・たかし
東京大学工学部電気工学科卒業後、1962年日立製作所入社。電力事業部火力技術本部長、日立工場長を経て、99年副社長。グループ会社の会長などを経て、09年会長兼社長に就任し、日立の再生に取り組んだ。14年に会長を退任、16年相談役を退任した。10年から14年日本経済団体連合会副会長、14年から19年みずほフィナンシャルグループ社外取締役、17年から20年6月東京電力ホールディングス会長。

経営力強化の要諦は、社長・CEOの選任と育成だ。会社は社長の力量以上にはならない。人には顕在能力と潜在能力がある。顕在能力だけで選ぶと、たいていの人は「×」だ。これまでの仕事の範囲が狭く、潜在能力を「100」とすると、「30」しか発揮していない。潜在能力を見極めるとき、最も大事な「好奇心」があることが出発点になる。候補者には海外の孫会社などの経営を任せて、修羅場を体験してもらう。銀行に見放され、クリスマスに給料も支払えないような苦境を、どう乗り切るのかで能力が分かる。東京本社の出世コースしか歩んでいない人を社長にするのはできる限り避けたい。コロナ後は、混沌とした経済状況が長く続く。こういう時にこそ、素早く決め、素早く実行に移せる人が舵取りすべきなのだ。万一、その決断が間違っていたとしても、軌道修正も素早くできる。決められない人が社長になると、たいへん不幸なことになる。

地域の魅力ある素材を国内外に発信して売り込む。商社のような機能を地域全体で高めることが必要。

東京海上日動火災保険
副会長
北沢利文

きたざわ・としふみ
1977年東京海上火災保険（現・東京海上日動火災保険）入社。東京海上日動あんしん生命取締役社長を経て、2016年4月 東京海上日動火災保険取締役社長。同年6月東京海上ホールディングス取締役、19年4月東京海上日動火災保険取締役副会長。

東京海上日動にとって地方創生は保険事業の発展にもつながるCSV、即ち保険事業を通じて社会課題の解決に取り組むことであると考えている。浜松市や岐阜市、三重県などでは、企業や行政の中堅社員、場合によっては大学生も参加する「地方創生研鑽会」を開き、地域活性化に関する意見交換や勉強会などを行い、自治体に提言している。福島県では、県や銀行と共同でインターンシップを行っている。また、当社と各地の自治体との人材交流も盛んだ。地域の経済発展のため、行政が果たす役割が大きい。特に自治体の首長には、地域を経営するという経営者の視点を持って、企業や金融機関、商工団体などを強力にリードしてほしい。

地域の魅力ある素材を国内外に発信し、売り込んでいく商社のような機能を地域全体で高めることが必要。企業や大学などの力を総動員して、地域経済が発展する仕組みづくりが重要になり、首長には大きな仕組みを構築するリーダーになってほしい。

人は今日が健康であれば、明日も明後日も健康に違いないと錯覚しがちだ。

早稲田大学
教育・総合科学学術院教授
黒田祥子

くろだ・さちこ
慶應義塾大学経済学部卒業後、日本銀行金融研究所勤務。一橋大学経済研究所特任准教授、東京大学社会科学研究所准教授、2009年博士号取得（慶應義塾大学）、14年早稲田大学教育・総合科学学術院教授。

今後、「健康になるためのコストは誰が負担するのか」という発想が必要になる。経済学の発想では、「健康になって生産性が高まり賃金が上がるのであれば、健康投資は本人が負担するべき」となる。しかし、人は「今日が健康であれば、明日も明後日も健康に違いない」と錯覚しがちで、お節介を焼く第三者の存在が重要になる。企業健康経営の取り組みも、労働者が疎かにしがちな健康投資を本人に代わって行っていると捉えれば、合理性はある。ただ、労働者に還元すべき賃金の一部を使って企業が投資していることになるわけで、ワイズスペンディングの発想が必要になる。さらに、日本は労働流動性が低いため、健康で生産性が高い従業員が長く働いてくれることは、企業にとって投資の回収期間が長いことを意味し、企業が追加で費用を負担する意味も見いだせる。日本においては、健康投資が企業と従業員の双方にリターンをもたらす可能性が高いと言える。

ダイバーシティに理由はいらない。誰もが主役の「成熟社会」実現を。

キャリアン
社長
河野真理子

こうの・まりこ
人材育成コンサルタント・ダイバーシティコンサルタント。キャリアン社長、日本生産性本部評議員。メーカー入社後、1989年に子会社（キャリアに関する事業を中心とした人材育成会社）の設立に携わり、常務、社長。内閣府、文部科学省などの委員を務め、現在は、神奈川県教育委員会委員などを務める。

ダイバーシティ経営を効果的に推進すれば、イノベーションが起こりやすく、生産性向上にも寄与することが知られている。しかし、本音を言うと、ダイバーシティを推進することに理由など必要ない。それは当たり前のことであり、ダイバーシティを受け入れて、どう活用するのかを考えるべきだ。もちろん生産性は重要だが、それが目的であるうちは、成熟社会とは言えない。われわれは、東日本大震災やコロナ禍など不確実性が高まる中で、さまざまな能力や個性を持った人材がいることが、社会にとっても、企業にとっても強みになることを知った。それぞれが得意分野を持ち、必要な時には全員がリーダーシップを発揮できるようなフラットな組織を作ることが大事だ。一人ひとりが自信を持って働き、それぞれが尊重される組織風土があり、信頼関係をもとに全員が力を発揮できる事業を展開していけば、結果として、生産性は高まり、持続的な経営につながっていくはずである。

ベーシックインカムの導入は副作用大。所得と資産の把握で迅速な支援が可能。

慶應義塾大学
経済学部教授
小林慶一郎

こばやし・けいいちろう
東京大学大学院工学修士、シカゴ大学経済学博士。経済産業省、経済産業研究所、一橋大学経済研究所を経て、2013年から慶應義塾大学経済学部教授。東京財団政策研究所研究主幹、経済産業研究所ファカルティーフェロー、キヤノングローバル戦略研究所研究主幹。

経済格差の是正を考えるにあたって、所得や資産の把握とプライバシーの保護というトレードオフの関係について、国民的議論を始める時期にきているのではないかと考える。政府や税務当局がマイナンバーと銀行口座とを紐づけて、所得や資産をリアルタイムで把握できれば、格差の拡大に対応して、所得の再分配に向けた制度設計ができるわけだ。また、コロナ禍で端的に表れたように、短時間で収入がゼロになるという大きなショックに対して、迅速な対応も可能になる。所得や資産を把握されることに抵抗もあるが、イギリスをはじめ多くの先進国で、プライバシーは重要だが、所得や資産の情報は共有するということが行われている。

一方で、所得や資産を把握しなくてもできる仕組みとして、ベーシックインカムがあるが、働く意欲を低下させるとか、財政的な負荷が大きいとかいった副作用もあり、平時の導入はハードルが高いと思う。

在宅勤務ストレスやコロナ太り解消。終息後は日本発サービス輸出に挑戦。

ルネサンス
会長
斎藤敏一

さいとう・としかず
1967年京都大学工学部卒業、大日本インキ化学工業（現・DIC）入社。同年、スイス連邦工科大学へ留学。研究所、海外事業部を経て、79年に健康スポーツ事業を企画し、ディッククリエーション（現・ルネサンス）を設立。92年に社長に就任。2008年より現職。

コロナ禍でフィットネスクラブ業界は例外なく「土砂降り」の中の経営を経験した。感染拡大の初期に「三密」「不要不急」の代表格として取り扱われたが、業界としても健康づくりの大切さを理解してもらう努力が足りなかったと反省している。感染防止に関するガイドラインをつくり、やっとのことで再開したが、客足の戻りは鈍い。ただ、コロナ禍の状況が2～3か月続くと、テレワークで精神的に厳しくなったり、運動不足で太ってくる人もいる。身体を動かすこと、健康づくりの大切さが見直されている。自粛中はオンラインで自宅のパソコンの前で運動してもらうサービスを開始し、経済活動再開後はスタジオとオンラインの両方で利用できるようにした。インストラクターと会話したり、コミュニティに参加することは心身の健全性の維持に有効であることもわかってきている。コロナ終息後は、日本発のサービス業を世界に広げたい。

不安定・不確実な状況に耐えるには「組織を超える知恵の移転」に可能性がある。

日本生産性本部
経営アカデミー学長
榊原清則

さかきばら・きよのり
慶應義塾大学名誉教授。1978年一橋大学大学院商学研究科博士後期課程満期退学。90年に一橋大学商学部教授。ロンドン・ビジネス・スクール准教授、慶應義塾大学総合政策学部教授、法政大学大学院イノベーション・マネジメント研究科教授、中央大学ビジネススクール教授を歴任。博士（商学）。

イノベーティブな半導体を次々と開発していた時代のインテルのカルチャーはどのようなものであったか。まさに社員全員が「生きるか死ぬか」という組織存亡の危機を感じながら働いていた。現在の日本に、ここまで不安定、不確実な状況に耐えられる組織は少ない。強調したいのは、イノベーションを生んでいくことの難しさだ。環境や不確実性への適応がよく口にされるが、そこにはいろいろな手段と試行錯誤が必要になる。その中で、オプションの少ない日本社会の弱点が明らかになっているのが、現在の問題なのではないか。しかし、経営者の中にも新しいタイプの人が日本に出てきており、ガバナンスについてしっかりと意見を持ち、自社だけでなくあらゆる組織体で活躍されて得た知見は、他の企業にもインパクトを与える。個別組織を超える、知識・知恵の移転が生まれれば、新たな産業社会のポジティブな可能性が日本でも広がっていくのではないか。

スタートアップ支援の課題は80％「ヒト」である。

サムライインキュベート
代表取締役
榊原健太郎

さかきばら・けんたろう
関西大学社会学部卒業後、医療機器メーカーに入社し営業を経験。その後、インピリック電通（現・電通ダイレクトソリューションズ）にてダイレクトマーケティング戦略を経験、アクシブドットコム（現・VOYAGE GROUP）の営業本部の立ち上げなどに従事。2008年にスタートアップを支援するサムライインキュベートを設立。

スタートアップ支援の上での課題はいくつもあるが、私の主観ではほぼ一つに絞られている。「ヒト・モノ・カネ」の視点でいうと、「ヒト」の課題が非常に大きく、これが重要度の80％程度を占めると考えている。というのは、日本が強い分野というのは、いわゆる研究職の人たちが起業すべき領域なのだが、そういった人たちは起業せずに、大手企業に行きとどまってしまう。また、創業チームをどんな体制にすればいいのかが曖昧であり、事業計画に合わせた組織戦略や事業成長に合わせた採用戦略も描けていない。人材エンゲージメントや評価基準、育成方法も曖昧であるし、給与・採用料が高く優れた人材の採用が難しいなどのステージごとに「ヒト」の課題がある。

環境を変えるには教育のイノベーションが絶対に必要だ。日本の大学もマッチングのハブとして機能したり、起業支援の講座が当たり前に開かれていたりしないといけないと思う。

「ベンチャースピリットでやってくれ」と厳命。文化革命を起こすスマートコンストラクション。

コマツ
執行役員
スマートコンストラクション推進本部長
四家千佳史

しけ・ちかし
1991年日本大学卒業。97年に福島県で建設機械レンタルを行うビッグレンタル（後にBIGRENTAL）を創業。2008年にコマツレンタルとしてコマツ傘下に入る。15年1月より現職。

建設現場のＩＣＴ化を実現したスマートコンストラクションを担当する前、コマツグループの中でも特に建設現場に近い、建設機械のレンタル会社のトップを務めていた。当時の代表である大橋徹二（現会長）から、「コマツの商品、サービスで解決しなくてもいいから、お客さまのオペレーションを俯瞰的に見て、ソリューションを提供しなさい」と指示を受け、スマートコンストラクションをスタートした。その時に言われたことが「お前のベンチャースピリットでこれをやってほしい。ただし、一人で走らずに、人を巻き込んで、コマツに文化革命を起こしてほしい」と。私はもともと自分でスタートアップを作り、それを買収される形でコマツに来た。コマツはものづくりの会社なので、すべて「モノ起点」で考えるが、新しく、お客さまのオペレーション起点、つまり「コト起点」をプラスアルファするために、社内改革を進めた。

親和性、自律性、有能性の3つの欲求を、職場が充足させられるのかが大きな課題。

慶應義塾大学
総合政策学部教授
島津明人

しまず・あきひと
1996年早稲田大学大学院文学研究科心理学専攻博士後期課程、博士（文学）。99年早稲田大学文学部心理学教室助手。広島大学大学院教育学研究科心理学講座助教授、ユトレヒト大学社会学部社会・組織心理学客員研究員、東京大学大学院医学系研究科精神保健学分野准教授、北里大学一般教育部人間科学教育センター教授などを経て、2019年4月から現職。

ＳＤＧｓの「すべての人に健康と福祉を」と「働きがいも経済成長も」という2つの目標を両立させようという発想が、健康経営、健康いきいき職場づくりであると考えられる。そして、その目標を達成するために、従来の「産業保健からのアプローチ」と「経営的観点からのアプローチ」をコラボレーションさせたものが健康経営、健康いきいき職場づくりであり、弱みを支える取り組みに、強みをのばす施策を加えるという発想の取り組みだと言える。ウィズコロナ、ポストコロナにおいて、私たちは「誰と、いつ、どこで、どのように働くのか」について改めて考える必要が出てきた。その中で、職場がこれからどういった役割を担っていかなければならないのか、人間が持つ3つの基本的欲求（親和性、自律性、有能性）をどのように充足させることができるのかが、大きな課題になっている。

生産性向上は結果として起こる。要は社員をどう幸せにするかだ。

ユニリーバ・ジャパン・ホールディングス
取締役人事総務本部長
島田由香

しまだ・ゆか
1996年、慶応義塾大学卒業。パソナ、日本ゼネラル・エレクトリックを経て2008年ユニリーバに入社。営業部門のHRパートナー、リーダーシップ開発マネジャー、HRダイレクターなどを歴任し、13年取締役人事本部長に就任。14年より現職。

「人」の側面からイノベーションを考えると、「社員をどうハッピーにするのか」、あるいは「会社がウェルビーイングと呼ばれる状態になっているのか」という視点が大切。ハッピーな人は、そうでない人に比べて、生産性、営業成績が約30％高く、創造性は三倍上がるというデータがある。生産性向上やイノベーションは結果として起きるので、企業のリーダーがやるべきことは、「一人ひとりの社員をどうハッピーにするか」という点に尽きる。

社員のポジティブな感情（ハッピー）を上げて、ウェルビーイングの状態に導くために、PERMAモデル（ウェルビーイングを高める五つの要素）が、人材戦略の一つの軸になりえる。特にM（意義や意味）が大切で、人は、自分のやっていることや仕事の尊さ、意義を理解すると、P（ポジティブな感情）やE（エンゲージメント）も自然と高まる。また、イノベーションを起こしやすくするためには、「心理的安全性」が大事。「ここでなら失敗が許容される」という安全な状況を、リーダーが積極的に作る必要がある。

疲れ果てる生産性向上ならばいらない。むしろどれだけ仕事が楽になるのかだ。

日本私立学校振興・共済事業団
理事長
慶應義塾学事顧問
清家篤

せいけ・あつし
1978年、慶應義塾大学経済学部卒業、92年から同教授。2007年から商学部長、09年5月から17年5月まで慶應義塾長、現在、慶應義塾学事顧問。日本私立学校振興・共済事業団理事長、全国社会福祉協議会会長、経済社会総合研究所名誉所長（内閣府）、社会保障制度改革推進会議議長（内閣官房）、産業構造審議会製造業分科会長（経済産業省）。

少子高齢化社会では、女性や高齢者などの労働参加を促進し、同時に時間当たりの生産性を高めていかなければならない。これに関しては、技術革新にも大いに期待したい。ただし、生産性の向上やそのための技術革新は手段であり、目的はそれによって賃金を引き上げ、労働を楽にすることだ。生産性向上のために労働者が疲れ果ててしまうようなら、本末転倒である。大切なのは生産性向上の適切な分配だ。生産性を向上させるには能力開発も不可欠であるから、労働者への分配としての能力開発機会の重要性も高まる。

よい職場の条件は「賃金が高い」「労働時間が短い」ことなどと合わせて、「どれくらい成長できるか」だと思う。長くなる職業人生を全うするために何より大切なのは健康であり、健康への投資もますます重要になる。

想定外の危機に際し、可能性や機会を見つける力。マインドセットを持った大人と接して身に付ける。

Spiber
取締役兼代表執行役
関山和秀

せきやま・かずひで
2005年慶應義塾大学環境情報学部卒業、07年慶應義塾大学大学院政策・メディア研究科修士課程修了。07年スパイバー設立。

これから大きく発展していくバイオ産業の中で、タンパク質を産業的な材料として使いこなすことを目指している。バイオは生命にとっては、究極のサバイバルツールであり、循環型社会を作るうえでも極めて重要な役割を果たす。タンパク質を使う基盤技術やインフラ作りといったバイオの産業分野でイニシアチブを狙っていく。日本のベンチャー企業育成の鍵は、「挑戦できる環境の整備」である。短期的には「キャピタルゲイン課税減税」や「政府保証などによるESG・SDGs系スタートアップへの投融資促進」など。長期的には、「子供たちの教育環境の充実」だ。

想定外の危機に対し、想定外の機会を見つけることができる力を養うためには、マインドセットを持った大人と触れ合える幼少期からの環境づくりが大切になる。可能性や機会を見つける力と、課題解決とは同じように見えるが違う。表裏一体で、そのバランスが大事だ。

現場に任せつつトップが大きな方向性を示す。「ミックス型のリーダーシップ」で組織が動く。

日本経済新聞社
論説フェロー
芹川洋一

せりかわ・よういち
1975年東京大学法学部政治コース卒、76年公法コース卒、新聞研究所修了。76年日本経済新聞入社。79～2005年政治部に所属、次長、編集委員、部長。06～08年大阪編集局長。11年論説委員長、16年論説主幹、18年論説フェロー。BSテレ東「NIKKEI日曜サロン」キャスター（日曜朝9：30～10：00）を務める。2019年度日本記者クラブ賞受賞。

コロナ禍で見えてきたものがある。トップのリーダーシップとメッセージ発信の大切さだ。政治だけでなく組織を維持し運営していく立場の人間にとって共通する課題に違いない。

リーダーシップには大きくわけて、上で決めていくやり方と下に任せるやり方の二通りがある。

日々状況が動いていくコロナ対応でわかったのは、上意下達型のトップダウンでは情報があがって判断するまでに時間がかかり、後手に回ってしまうということだ。判断を現場に任せるしかないとしても、それではボトムアップで組織としての決定ができるかとなるとそれもできない。

必要なのは、下に任せつつ上が大きな方向性を示していくミックス型のリーダーシップだろう。そのためにはチームワークが何より大事だ。トップが独りでいかに力んでも組織はまわらない。

そのとき忘れてならないのはメッセージの発信である。メンバーがトップの発言に共感し納得しなければ組織は動かない。コロナ対応でリスクコミュニケーションの必要性を思い知らされた。生産性運動への教訓がここにもある。

誰かをロールモデルにして、元気を出して発言しよう。

慶應義塾大学
名誉教授
曽根泰教

そね・やすのり
慶應義塾大学法学部政治学科を卒業後、同大学大学院法学研究科修士課程、同博士課程修了。1972年4月に慶應義塾大学法学部助手になって以来、専任教員として46年間にわたり三田とSFCの2つのキャンパスで、教育と研究を続ける。2018年4月から慶應義塾大学名誉教授。

2001年から施行されたいわゆる「橋本行政」の中央省庁再編について、私は郵政省の一部と通産省の情報に関連した局を合わせて、情報省を作ってはどうかとか、厚生労働省を少子高齢化問題に焦点を当てた専門の省にすることを提言したが、当時は意見を聞いてくれる人はほとんどいなかった。今の若い人の間でも「民間人の行動が国を動かせない」とか、「政治に対する民間人の発言は無力だ」と考える人が多いが、あれから20年経って、大きく変わってきている。

菅義偉政権では、ヤフー社長の川邊健太郎さんら専門家のアドバイスを取り入れたデジタル庁が誕生するなど、タイミング次第では、民間人の意見を受け入れる余地ができている。古くは90年代の民間政治臨調の「政治改革」もそうだ。若い人たちにメッセージとして伝えたいのは、もっと元気になってほしいということ。オピニオンリーダーたちをロールモデルにして、何ごとにも情熱を持ってチャレンジしてほしい。

コロナ禍で深刻化する教育格差の課題解決には、多様な主体による連携と協働が必要である。

自動車総連
会長
高倉明

たかくら・あきら
国際基督教大学を卒業後、日産自動車株式会社に入社。日産労連常任執行委員、自動車総連中央執行委員を務めた後、全日産労組中央執行委員長、日産労連会長、自動車総連副会長を歴任。２０１７年より現職。

教育格差の是正については、学びを止めないことが重要である。文部科学省の中央教育審議会においても、リカレント教育などが議論されており、その中で、ＩＣＴなどの新しい技術を活用した教育を利用できる人と利用できない人との間に生じる格差（デジタルディバイド）が課題となっている。コロナ禍において格差は深刻化しており、困難を抱える家庭、外国人の家庭、障がい者、社会的に孤立しがちな若者や高齢者など、その解決には多様な主体による連携や協働、地域の活性化が必要とされている。ここでいう多様な主体とは、地方公共団体のみならず、産業界、金融機関、労働界、ＮＰＯ、大学、さらには医療・福祉関係者などを指す。その実現のためにも、実効性の高い地域連携プラットフォームの構築が急務である。

新しい時代の学びにおいては、対面のつながりと、新しい技術を活用したオンラインのつながり、この両者をうまく組み合わせることにより、更に豊かな学びが実現されることが期待されている。

「価値」は提供するものではなく、サービスの受け手が感じるものである。

JTB
取締役相談役
田川博己

たがわ・ひろみ
慶応義塾大学商学部卒。1971年、日本交通公社（現JTB）入社。99年米国法人日本交通公社取締役副社長。2000年に帰任し取締役営業企画部長、02年常務取締役東日本営業本部長などを経て、08年社長に就任。14年会長、20年相談役（現職）。
日本旅行業協会特別顧問、東京商工会議所副会頭。

日本が鎖国していた江戸時代の260年間に、旅行産業は最も成長した。コロナ禍で海外旅行や訪日のインバウンドがほぼゼロとなったが、日本の良さを突き詰める良い機会であり、ピンチをチャンスに変えたい。コロナ禍がもたらしたパラダイムシフトは、「新」交流時代を拓く。世界、人々が新たに・強く・相互に・多様に繋がりあい、ローカル＆グローバル、リアル＆デジタルを舞台にした交流が、相乗効果を生み出す時代だ。「価値」は提供するものではなく、サービスの受け手が感じるものである。人生を旅によって変えるような、ライフスタイルの提案を行い、デジタルの基盤の上に人間ならではの価値を活かしたい。ダボス会議の世界観光ランキングで日本は第4位だが、日本は公衆衛生の指標では第1位だ。安全衛生の確保と利便性・迅速性の両立を求める声は高まる。日本のイメージアップには大事な要素になる。

デジタル化で地域社会を元気に。若者に魅力的な理想の経済実現へ。

ローソン
社長
竹増貞信

たけます・さだのぶ
1993年大阪大学経済学部卒業後、三菱商事入社。畜産部に配属。その後グループ企業の米国豚肉処理・加工製造会社勤務、三菱商事社長業務秘書などを経て、2014年ローソン副社長。17年3月から現職。

ローソンは全国45道府県65自治体と「包括協定」を締結。観光振興・PR、地元の食品・食材の拡販、福祉・子育て支援、環境貢献、防犯・青少年の育成、災害対策の6分野で地域貢献活動を進める。兵庫県尼崎市では駐車場の検診車で定期健診を受けてもらう「コンビニ検診」、北九州や東京では介護相談窓口がある「ケアローソン」を運営する。コロナは大きな厄難だが、地域社会にとってはチャンスにもなる。家族や友人などと地域で過ごす時間が増え、地域のよさ、心の豊かさに地域の人が気づき始め、新たな価値観も生まれる。

デジタル化は、地方にこそメリットがある。地方サービスがデジタルで提供でき、行政がデジタルで回るインフラが整備され、そこに大学などが加わると、人を呼び込める施策などもできる。データを還元し、自由に使えるようにすれば、行政サービスが円滑化し、便利になる。若者にも魅力的で、理想的な経済も可能になると想像している。

デジタル改革を点の改革に終わらせない。一点突破全面展開で「令和の改革」を。

東京大学
大学院法学政治学研究科教授
谷口将紀

たにぐち・まさき
1993年東京大学法学部卒業。東京大学大学院法学政治学研究科助手、同法学政治学研究科助教授、同法学政治学研究科准教授を経て、2009年同法学政治学研究科教授。

DXは、ポストコロナ社会の必要条件だが、十分条件ではない。また、DXの負の側面として、コロナ禍による経済的な打撃に加えて、オンライン教育、リモート教育への取り組みの差から教育格差も見られる。日本の財政赤字は先進国で最悪の水準にあったが、コロナ禍で拍車がかかっている。人口減少の中で経済成長を実現するには、生産性の向上が必要だ。このような課題に対し、各界の立場の違いはあっても、日本の経済社会が抱える課題に対する認識は同じである。たとえるなら、富士山に静岡側から登るのか、山梨側から登るのという違いはあっても、登る山は一緒である。

いまこそ、各界の知を結集して、政府が取り組もうとしているデジタル改革を、点の改革に終わらせず、一点突破全面展開で、社会経済全般にわたる「令和の改革」に発展させるために、政府を後押ししたり、時には政府の尻をたたいたりする枠組みが必要との思いを強くしている。

経営理念「人と地球の明日のために」これをやるのが働き方改革の本質だ。

東芝
会長
綱川智

つなかわ・さとし
1979年4月東芝入社。東芝メディカルシステムズ（現キヤノンメディカルシステムズ）社長、ヘルスケア事業開発部長、取締役代表執行役副社長などを経て2016年6月取締役代表執行役社長、18年4月取締役代表執行役社長COO、20年4月取締役会長。

働き方改革における東芝の課題の上位3点は、「生産性の向上」「技術系を中心とした労働力の確保」「多様な人材の活用」だ。東芝には長年受け継いできた「人と地球の明日のために」という経営理念がある。働き方改革の本質は、いかに経営理念に近いことをやり、経営理念から離れたことをやっている時間をいかに短くするかだ。生産性の向上に関しての制度改革も、そうした考え方を前提に取り組んでいる。なかなか浸透しなかったテレワークは、コロナ禍に背中を押される形でかなり進んできている。また、キャリアリターン制度を導入したほか、トライアルとして副業を認めている。採用面では、高い処遇を持って高度人材を確保できるよう、プロフェッショナル制度を導入した。過去の制度を全面的に否定するのではなく、時代に即応して新しい制度を入れるべく、試行錯誤しているところだ。

「企業の行動を望ましい方向に変えて欲しい」情報開示は意思を持っている。

日本公認会計士協会
会長
手塚正彦

てづか・まさひこ
東京大学経済学部を卒業し、1986年に監査法人中央会計事務所に入り、2002年に中央青山監査法人代表社員を経て06年に理事長代行。07年に監査法人トーマツパートナー。16年から日本公認会計士協会常務理事、19年会長就任。

コロナ禍は、ＶＵＣＡに拍車をかけた。社会の不信と将来への不安が増している。このような時代において、これからの企業の価値創造の根幹は、ビジネスを通じて社会に信頼と安心を創り出すこと。ＳＤＧｓのコンセプトは、日本企業が元来有する良さを活かして、どんなビジネスを通じて社会にどんな良いインパクト（価値）を与えるのかを伝える上で、ますます重要になる。

コロナ禍で有価証券報告書の事業等のリスク開示が充実するなど企業の情報開示が進み、投資家から評価された。財務諸表だけでは企業価値創造能力、企業の持続的な成長力を評価するには足りないと言われており、今後、ＥＳＧに代表される非財務情報の開示要請が強まる。情報開示の義務化や要請は、企業の行動を望ましい方向に変えてほしいという意思を持って行われている。経営者には、情報開示が持つ力を過小評価せず、積極的に取り組むとともに、企業経営の変革に情報開示を活用して欲しい。

人間的にも「両利き」の経営者がCX時代を拓く。

経営共創基盤（ＩＧＰＩ）グループ会長
冨山和彦

とやま・かずひこ
ボストンコンサルティンググループ、コーポレイトディレクション代表取締役を経て、２００３年産業再生機構ＣＯＯ就任。07年経営共創基盤（ＩＧＰＩ）を設立し代表取締役ＣＥＯ、20年より現職。日本共創プラットフォーム（ＪＰｉＸ）代表取締役社長。東京大学法学部卒。スタンフォード大学経営学修士。

デジタルトランスフォーメーション（DX）には根幹的な組織能力の大変容が求められる。会社のカタチ、人材のカタチを抜本的に転換する大変容、コーポレートトランスフォーメーション（CX）である。それには経営者の迅速かつ大胆な意思決定が極めて大事で、破壊的な力を自社の成長力に転嫁する「両利きの経営」が必要だ。しかし、現実は、日本の多くの企業が、収益性が低下した本業の延命のために、成長事業を売却する過ちを犯す。改良型イノベーションと破壊的イノベーションの両方を活かせる組織体にするには、強烈なトップダウンが欠かせない。今の時代、「ワンマン」は誉め言葉だが、冷徹・冷酷なだけではだめで、既存の事業に取り組む従業員もエンカレッジし、収益を稼ぎ出し、成長分野に振り向ける手腕も必要だ。情理と合理を兼ね備えた、人間的にも両利きの経営者が求められている。

人材育成は、リーダーの本気度次第。

日本生産性本部
主席経営コンサルタント
中間弘和

なかま・ひろかず
九州大学卒業。その後、「財団法人社会経済生産性本部 経営コンサルタント養成講座」を経て、本部経営コンサルタントとして各種事業体の診断指導・教育にあたる。

山形の旅館・瀧波を経営している南浩史社長は、厳しかった旅館の経営状況を回復させた。もともとは公務員で、以前は大島造船所で社長を務め、利益率の高い経営基盤を築いた。人材育成の成功には、意図的・戦略的なものと、結果的に育っていたものの2種類があり、南社長は後者だ。それには、思いや施策に従業員がついてきて、それを上回るパフォーマンスをやってくれていることが重要なポイントになる。会社のトップは、何歳になっても挑戦と成長を続け、自身の熱意がスタッフに伝われば、経営改善につながる。戦略やゴールを設計し、人を巻き込みながら体現していくこと。人材育成の基本は、やはりリーダーの本気度次第である。また、議論し合う風土が必然的に生まれることも必要になる。仕事のあり方を変化させる場を作り、会社全体を考える人材をいかに増やしていくかも大切だ。

CEOはチーフ・イノベーション・オフィサーであるべきだ。

中外製薬
特別顧問名誉会長
永山治

ながやま・おさむ
慶應義塾大学商学部卒業後、1971年日本長期信用銀行入行。78年中外製薬に入社。その後、開発企画本部副本部長、常務取締役、代表取締役副社長などを経て、92年代表取締役社長、2012年3月代表取締役会長就任、20年3月から現職。98年から04年まで日本製薬工業協会会長。01年にロシュ社との戦略的提携を決断した。

経営者は社会の変化、経済の流れといった大きな潮流を観察する必要がある。それは、本を読んで学ぶというより、自らの目で見て、観察することが大切だ。日本の企業は「自分でできることを戦略化する」が、これからのイノベーションは「何をすべきか」が大事。ロシュの経営会議に参加すると「世界のトップ製薬企業にとどまるために何をすべきか」「何が足りないのか」を議論し、「3年後にM&Aをやる」といった長期戦略を描いていた。グローバル企業とローカル企業の違いを知った。CEOは、「チーフ・イノベーション・オフィサー」であるべきだ。「イノベーション、チャレンジ、リスクテイキング」を伴う破壊的なイノベーションを起こすには、会社の組み換えや合併まで視野に入るので、経営トップが積極的にコミットし、従業員に背中を見せて引っ張っていく必要がある。従業員と共感しながら、イノベーションを前に進めていく行動力が問われている。

トラックドライバーへの偏見は根強く。自死の防止へもデジタル技術の活用を。

運輸労連
中央執行委員長
難波淳介

なんば・じゅんすけ
1984年日本通運入社、99年全日通労働組合東京支部書記長、2007年全日通労働組合中央書記長、13年全日通労働組合中央執行委員長、15年運輸労連中央執行委員長。

東日本大震災など災害発生時の対応を通して物流の重要性が理解され、社会インフラとの認識が浸透したと思う。コロナ禍で働き方、生活様式が変化する中、置き配や宅配ボックスの整備といった非接触型の物流、ダブル連結トラックや隊列走行、倉庫の無人化といった省人化などの新しい動きも出ている。トラックドライバーはエッセンシャルワーカーだという認識が広まってきたが、誹謗中傷、差別、偏見はなくなっていない。企業業績悪化、所得減少など負の影響もある。運輸労連にとって今の最大の課題は、2020年8月以降急増している自死の防止だ。原因や動機は複合的であり、他者が容易に推測できるものではないが、コロナ禍で仕事・生活の変化、雇用や収入に対する不安などで、ストレス・不安感を抱え込んでいる人が増えている。取り組みとして、電話相談窓口の増設に加えSNS相談も開始した。デジタル化の時代の中で、心の健康についてもデジタル技術の活用が進むことを願っている。

人間の価値、労働の質、人財力の向上による
イノベーションで未来を創る。

全国労働組合生産性会議
副議長
UAゼンセン
副会長
八野正一

はちの・しょういち
学習院大学経済学部卒。1980年伊勢丹（現・三越伊勢丹）入社。91年、伊勢丹労働組合伊勢丹支部書記長、93年伊勢丹労働組合本部書記長、2005年日本サービス・流通労働組合連合（JSD）事務局長、09年同会長。12年UAゼンセン副会長。

労働組合が見る「生産性経営」とは、「人間の価値、労働の質、人財力の向上によるイノベーション」により、「一人ひとりが人間らしく心豊かに生きていく持続可能な社会」や「ヒトを中心にした社会」を目指すことである。

サービス産業のイノベーションの創出の根幹は人材であり、三つの課題提起をしたい。一点目は、人材には新しい価値を創造する人材とその基盤を支える人材がおり、企業はその両軸の人材育成を企業ビジョンに再定義すべきである。二点目は、企業ビジョンの再定義に際し「ヒト」に着目すべきだが、労働組合としては持続可能なディーセントワーク（良質な雇用）を中心に、人間の価値を高める労働分野の課題を解決すべきと考える。三点目は、サービス産業における解決の方向性として、全てのステークホルダーを巻き込んだ産業全体の社会対話が重要な役割を担うべきだ。

心に対して働きかける人材投資が従業員の生産性に好影響を与える。

多摩大学
経営情報学部准教授
初見康行

はつみ・やすゆき
同志社大学卒業。2017年一橋大学大学院商学研究科より博士（商学）。18年より現職。20年より東京都立大学大学院客員准教授。専門は人的資源管理。主著に「若年者の早期離職」中央経済社。

日系・外資系社員のアンケート結果より、「プロアクティブ行動」と「創造的思考プロセス」が、従業員の「主観的生産性」に肯定的な影響を及ぼしていることが確認された。また、これらを促す要因は、「自己効力感」「デジタルリテラシー」「ジョブ・エンゲージメント」「企業理念への共感」の4つであった。企業が行う人材投資はこれら4要因に影響を与えており、「組織開発」、「能力開発」、「自己啓発支援」の順に影響力が大きい。

重要な点は、人材投資の対象は「スキル・能力」のハード面だけではないということ。今後の方向性として、従業員の価値観・感情・態度などソフト面への投資が重要となる。本調査の結論として、従業員の「心に対する働きかけ」が「業務範囲を超えた思考・行動（創造的思考プロセスやプロアクティブ行動）」を喚起し、生産性の向上に寄与する可能性が示された。

地方に住んで、東京の仕事をする。テレワークが地方創生の鍵に。

内閣官房
まち・ひと・しごと創生本部事務局
地方創生総括官
林﨑理

はやしざき・おさむ
1983年東京大学法学部卒業後、旧自治省（現・総務省）に入省。2018年自治財政局長、19年消防庁長官。20年7月から内閣官房まち・ひと・しごと創生本部事務局地方創生総括官。

コロナ禍で全国約3割、東京圏で5割を超える人がテレワークを経験した。地方で東京の仕事ができる「地方創生テレワーク」を進めるチャンスだ。新しい交付金をつくって、地方公共団体の取り組みを支援したり、企業の理解を深めるために情報提供を強化するなどの取り組みを進めている。2020年7月、8月は東京圏から地方に出て行く人の方が多くなった。地方公共団体が地方移住推進に向け、移住する人に100万円、起業する人にはプラス200万円の支給事業を行えるよう支援を行ってきたが、東京の仕事をしながら地方に住む人にも支援を進めたい。

感染症は都市部を中心に広がりやすく、首都直下地震や富士山の噴火などの災害に対する議論もある。このような東京一極集中のリスクを、もう少しリアルに感じる必要がある。ふるさと納税はいろいろ議論もあるが、間違いなく地方の魅力を発信する力になっているので後押ししたい。

コロナ禍はウェイクアップコール。日本は太平の眠りから覚め変革を。

大和証券グループ本社
会長
日比野隆司

ひびの・たかし
1979年東京大学法学部卒業、大和証券入社。99年経営企画部長、2002年大和証券エスエムビーシー執行役員。04年大和証券グループ本社常務、07年専務、09年副社長。11年社長（CEO）、17年4月より会長。

コロナ禍によって、企業経営のあり方が突然、大きく変化したわけではない。日本経済や企業が、もともと抱えていた多くの課題が顕在化し、それへの対応が加速しただけだ。デジタル技術の社会実装の遅れは、その最たるもので、以前から政府でも民間部門でも最大のテーマだったはずだが、直視を避けてきた遅れが、コロナ禍を通じて白日の下にさらされることになった。

コロナ禍は国難ともいわれるが、見方を変えれば、「令和の黒船」であり、日本の経済社会を太平の眠りから覚ますウェイクアップコールと受け止め、変革を加速することが重要だ。DXの推進において、各企業で共通してボトルネックとなるのは高度IT人材の不足だ。経済産業省の試算では、2018年の時点ですでに約22万人不足していて、2030年時点では約45万人になるとしている。各企業において人材育成の努力が求められる一方で、学校教育も不可欠。産官学の連携が求められる。

令和を迎え、時代環境は変わっても、生産性向上は永久の課題である。

地球産業文化研究所
顧問
東洋大学
総長
福川伸次

ふくかわ・しんじ
1955年通商産業省入省。通商産業事務次官を経て、90年6月神戸製鋼所代表取締役副社長。94年6月同副会長、同年11月電通総研代表取締役社長兼研究所長。2003年3月学校法人東洋大学理事、12年12月理事長、18年12月総長に就任。

生産性運動の態様は時代の要請とともに変化してきた。しかし、「生産性向上が日本経済の再生にとっていかに重要であるか」という意義はいささかも変わらない。時代環境が変わっても、生産性向上は永久の課題なのである。生産性運動三原則の今日的意義は、「収益価値」「顧客価値」「従業員価値」「社会価値」の4つの価値を極大化することにある。日本企業は新しい商品・サービスを生み出す力を再生し、潜在的な欲求を有効需要に結実する需要創造が重要だ。構造変化が展開しつつある今日、失敗を許容し、イノベーションのリスクを取る企業風土への転換が必須だ。日本ではベンチャー企業が活力を欠く。中国の知人は「刑務所の塀の上を早く走り抜ける気持ち」でベンチャー経営をしているという。スピード感を欠くと規制ができて、違反を咎められてしまうおそれがあるからだ。中国は規制社会と言われるが、挑戦的な精神を持つ経営者が多い。

会社は従業員が所属するだけのハコではない。会社自体が魅力あるプラットフォームへ。

東北大学
大学院経済学研究科教授
福嶋路

ふくしま・みち
東北大学大学院経済学研究科教授。地域企業論を担当。専門は経営学。特に、地域企業の戦略、地域イノベーション、地域で活動する企業家の活動に関心をもって研究をしている。東日本大震災後、「地域産業復興調査プロジェクト」に参加し被災地の産業復興のための調査活動に携わっている。博士（経営学）。

人やモノが複数のコミュニティを跨いだり、異質な文脈同士がその境界を越えて結びついたりする過程を越境といい、これを応用した学習として、他社留学、レンタル移籍、人材紹介会社などがある。ベンチャー企業に出向いて異なる経験を培うプログラムなども出てきた。また、会社を辞めた社員との関係を維持する意識も強くなっていて、転職や独立によって離れた人材とつながることで、新しいビジネスが創り出されることが期待されている。今後、育成されるべき組織のリーダーは、組織を越えた知の動員を可能にする仕組みを築き、多様な価値観を理解する人材だ。会社が従業員にとって、所属するだけのハコではなく、会社自体が従業員にとって魅力あるプラットフォームになり、磁場のように人を引きつけることを目指すべきだ。人が自然に集まる場が、これからの組織の主流になっていく。

顧客が必要とする情報や商品知識を伝える。コロナ後のサービス力はこの一点で決まる。

松井オフィス
社長
松井忠三

まつい・ただみつ
1973年東京教育大学（現・筑波大学）体育学部卒業、92年良品計画入社。2001年良品計画社長、08年良品計画会長、09年ムジ・ネット社長、10年T&T社長（現任）。

企業のコロナ危機対応の最終ステップは、大きく変化したマーケットに合わせた構造改革を進めることだ。例えば、人材の教育・育成で求められているのは、自分でレールを敷き、行動できる人材をどうつくるかである。自律的な人材が集まり、現場の意見で変化への対応を続けることができる仕組みづくりが重要だ。売り場で求められるサービスも変わる。これまでは売上を上げるために有効な商品知識への理解が中心だったが、それだけでは全く通用しない。これからは、顧客が必要な情報や商品知識をいかに的確に伝えることができるかという一点に集約されるだろう。これに合わせ、人事評価も大きく変わり、売上を稼ぐ力が占める割合は10％程度で、残りの90％は顧客の満足度を上げるために業務を改革する力が占める。コロナ危機は今までの変革のスピードをもっと上げるように催促しており、それを実行できる企業力が問われている。

長時間プレーヤーが幅を利かす日本で、ゲームに勝つ方法を考えよう。

東京大学
大学院工学系研究科教授
松尾豊

まつお・ゆたか
2002年東京大学大学院工学系研究科電子情報工学博士課程修了。博士（工学）。02年独立行政法人産業技術総合研究所研究員、05年スタンフォード大学CSLI客員研究員、19年東京大学大学院工学系研究科人工物工学研究センター教授、東京大学大学院工学系研究科技術経営戦略学専攻教授。日本ディープラーニング協会理事長、ソフトバンクグループ取締役（社外）、人工知能学会理事、情報処理学会理事。

若者は政治参加すべきだが、戦後日本の教育は、政治やお金といった重要なものを教えていない。問題は、どうやって変えるかということだ。日本では既存の構造を変えるのは困難だ。ゲームに例えると、長時間プレイして、ゲームに詳しい長時間プレーヤーである高齢者がいて、ゲーム初心者の若者を上回っているという状況だ。超ハードなゲーム設定であることを理解した上で、どう乗り越えるか、どう変えていくかを考えなければならない。民主主義や選挙も、インターネットが全く影響を与えることができず、長時間プレーヤーの圧勝だ。私たちの生活は、リアルなコミュニケーションよりオンラインが中心になっているのに、いまだに選挙は、地理的な近接性というだけの選挙区で行われている。小学校の投票所に行っても情報がないので、知名度で投票するしかない。オンラインで代表を選んだ方がいいと思う。

ジャンルトップ戦略で競争を経験。「負けたくない」社員の意識に変化。

コニカミノルタ
取締役会議長
松﨑正年

まつざき・まさとし
1976年東京工業大学大学院総合理工学研究科修了後、小西六写真工業（のちのコニカ）に入社。2009年4月に代表執行役社長に就任。14年4月より取締役会議長に就任。

コニカミノルタは、2003年にコニカとミノルタが経営統合してできた。2006年には創業事業である写真フィルム、カメラ事業からの撤退を発表した。現在は情報機器事業が主力サービスである。私が社長に就任したのは2009年。リーマンショックにより、中期計画の抜本的な見直しが必要になった。そこで、社長としての意思決定・行動の原点を「コニカミノルタを持続的に成長できる会社にする」と定めた。業界の中における立ち位置については、「上位3社と規模で対抗しない」「上位3社のミニ版になろうとも思わない」「独自の競争戦略成長戦略を進める」ことも決意。成長が見込める領域、勝算のある領域を特定し、そこにリソースを集中してトップポジションをねらう「ジャンルトップ戦略」を基本戦略にした。その結果、社員がトップ争いを経験したことで、「負けたくない」という気持ちが強くなり、上昇志向の高い企業風土に変わったように思う。

「B with B to S」を掛け声に共創。社会実装へラストワンマイル加速。

前田建設工業
ＩＣＩ総合センター長
三島徹也

みしま・てつや
前田建設工業の技術研究所所長を経て、現職。ＩＣＩ総合センターの５センターを統括する。同社執行役員。博士（工学）。

目指すのは総合インフラサービス企業であり、イノベーションのプラットフォームだ。再生エネルギーの運営や、空港・道路、展示場、水道・下水道など自治体が運営してきた事業をコンセッション方式で民間が運営する新たな建設サービスを手掛けていく。昔は、建設会社は海底トンネルを掘ることで大きな社会課題の解決ができた。しかし、現代社会の課題は複雑化し、建設会社1社では社会価値の提供を行うことは不可能になった。「B with B to S」という掛け声で、既存事業の領域とは全く異なる異分野の方々とタッグを組み、多くの知恵や技術を集約しながら、包括的かつ、より良いサービスを社会に提供していく。「B」はビジネスパートナーで「S」は社会を指し、異分野の企業と共創によるオープンイノベーションを展開し、ラストワンマイルの社会実装へチャレンジする。インフラの作りから運営受託まで地域と一体化して取り組みたい。

正社員中心主義の意識が、日本の労働市場改革を阻んでいる。

東京大学
社会科学研究所教授
水町勇一郎

みずまち・ゆういちろう
東京大学法学部卒業後、東北大学法学部助教授、東京大学社会科学研究所助教授・准教授を経て、2010年から現職。1999年からパリ第10大学客員教授、2002年からニューヨーク大学客員研究員を歴任。

世界の労働法改革のキーワードは、ダイバーシティ（多様化）とケイパビリティ（潜在能力）だ。付加価値を高めるためには多様な人材を活かし、潜在能力を発揮してもらうことが大切で、そうして生み出された成果を公正に分配し、経済成長と社会発展の好循環を実現しようというのが狙いだ。この考え方は、まさに生産性運動と共通している。問題なのは、他の先進国と比べ、日本は正社員中心主義の意識が根強く、非正規社員との待遇改善を遅らせていることだ。コロナ禍で進んだテレワークや兼業・副業は、働く者を企業の枠から開放する動きであり、事業再編に伴う外部委託が進み、フリーランスも増加している。しかし、最低賃金や社会保障といったセーフティネットの論議が不十分なまま、安くて便利な働き方としてのフリーランスが増えると、社会的インフラの底が抜ける危険が、すぐ目の前に迫っている可能性がある。

もう一声、もう一手間、もうひとユーモアを。

山形座瀧波
社長
南浩史

みなみ・ひろし
国家公務員として、公に貢献する志を持って仕事に取り組んだが、その後、大島造船所の娘との縁に恵まれて養子に入った。大島造船所で20年働き、そのうち社長を6年務めた。その後、山形座瀧波の経営が難しくなったことがきっかけで、瀧波の再生に携わる。

お食事は「今、ここでしか」をテーマに、山形・置賜盆地・庄内浜の旬の食材を滋味深く提供している。源泉風呂は「生まれたての十割源泉」。水を一滴も加えず、空気と触れて劣化しないよう源泉を密閉したまま湯舟まで運び、湯守が職人技で湯量の調整だけで適温を保持している。

毎日、お客様情報を蓄積・共有し、次回お越しの際に活用する。リッツ・カールトンさんのやり方を、小さな旅館、瀧波でより俊敏に展開できるよう努めている。刻々と変わる環境下で、宿泊予約サイトなどのクチコミをいただいたら全社員ですぐに共有。プロとして臨戦感を持って働いてもらう。

この結果、リニューアルオープン以来、3年半で5泊以上宿泊されたお客様が150組。ありがたくも宿泊数最多のお客様は計50泊以上。スタッフ全員が心がけていることは「もう一声、もう一手間、もうひとユーモアを」ということだ。

コロナ危機から日本経済を復興させる新たな手段は、生産性を向上させる投資だ。

学習院大学
経済学部教授
宮川努

みやがわ・つとむ
1978年、東京大学経済学部卒業。99年まで日本開発銀行（現・日本政策投資銀行）で勤務した。2006年経済学博士号を修得。経済学科で企業の設備投資や生産性向上に関する研究をしている。

新型コロナウイルスの感染拡大で、多くのことが変わり、日本は今、正念場にある。2020年4〜6月期のGDPは、東日本大震災直後の2011年4〜6月期の水準まで落ち込んでいる。震災後、日本はアベノミクスで金融・財政政策をフル稼働させて、経済を再浮上させてきたが、もはや同じ手を使うのは難しい。日本経済をコロナ危機から復興させる新たな手段は、生産性を向上させる投資である。日本は情報化投資や研究開発投資は健闘しているが、人材への投資や組織改革投資については、1995年から20年間伸びが減少している。それに比べ、欧米や韓国などは4つの投資がすべてプラスで、うまく連動している。

人材育成や組織改革などコーポレートトランスフォーメーション（CX）への投資をどう促進していくかが日本の課題だ。コロナ後は、「生産性」と「サステナビリティ」をキーワードにした本気の改革が問われている。

ミレニアル世代で、元気良く、ちょっと変わった人。新規事業の公募はいわゆるエース以外の人がいい。

オムロン
専務CTO
宮田喜一郎

みやた・きいちろう
1985年立石ライフサイエンス研究所入社。2010年オムロンヘルスケア社長、オムロン執行役員に就任。12年執行役員常務、15年CTO兼技術・知財本部長、17年執行役員専務、代表取締役、18年イノベーション推進本部長に就任。

オムロンは約60の大小さまざまな事業ユニットからなる、いわばベンチャーの集合体であり、ソーシャルニーズを創造し、事業を新陳代謝し続けている。伸びていく事業、停滞する事業、残念ながら撤退する事業があり、ポートフォリオを常に見直している。新事業のネタを仕入れなければならない宿命だ。指標はROIC10％だが、明確なストーリーを描き育てていくのが難しい。この重要なストーリーを「バックキャスト型近未来デザイン」と呼んでいる。

18年に新規事業創出のための組織をグループ全社のプラットフォームとして設立した。既存事業のトップが、「お手並み拝見モード」になってしまわないように、常に協力してもらえる体制を構築していくことが必要。「35歳ぐらいまでの、元気が良くて、ちょっと変わった人」を社内公募すると、気前よく送り出してきてくれることが多い。いわゆるエースと目される人はなかなか出してもらえないが、それでいい。新規事業は成功確率が低く、トライ＆エラーを続けていくことが求められ、既存事業のエースではうまくいかないこともある。

三密回避型産業構造の確立がコロナパニックを未然に防ぐ。

産業戦略研究所
代表
村上輝康

むらかみ・てるやす
1968年野村総合研究所入社。2002年理事長。08年シニア・フェロー。12年産業戦略研究所代表。サービス産業生産性協議会副代表幹事（現在、幹事）。ベネッセ、NTTドコモ社外取締役を歴任。サービス学会顧問。日本サービス大賞委員長。情報学博士。著書に「サービソロジーへの招待」「ユビキタスネットワーク」等多数。

オイルショックの後、日本経済が省エネルギー型産業構造に向かい、新しい世界が生まれた。コロナ後の目標像としては「三密回避型産業構造の確立」を提案したい。コロナ禍で一貫して進めた「三密回避」は、人の関係性にまで踏み込んで行動変容の方向性を示す、優れた日本オリジナルのコンセプトであり、徹底して突き詰めるべきである。サービスが顧客接点で実現すべきも、この「三密の回避」だ。これにより、コロナクライシスが、コロナパニックに発展しないようにすることが極めて大事になる。「密接に対しては非接触」「密集には遠隔」「密閉には超臨場」という価値を産業構造が実現するのに寄与すべきだ。生産性向上や付加価値の拡大に貢献する兆しを選別し、技術と制度とビジネスを統合して社会実装を目指す。サービスイノベーションの全面展開、成長経営から生産性経営への転換など、コロナ禍でも目指すべき道は同じだ。

売上も大事だが、目指すべき方向へ、進むための手段でしかない。

日本生産性本部
コンサルタント
MATコンサルティング
社長
望月広愛

もちづき・ひろちか
1981年北海道大学卒業。日本楽器製造（現・ヤマハ）入社。89年三和総合研究所（現・三菱UFJリサーチ&コンサルティング）入社、2008年MATコンサルティング社長、10年静鉄ストア社長、14年MATコンサルティング代表に復帰。

コロナ禍で売上を上げることが難しくなっている。目先の利益を目的として事業を推進していく「事実前提の経営」ではなく、「自分たちはこうありたい」「このようにお客さまの役に立ちたい」といった理念やビジョンに向けて組織が進んでいくことを目的とする「顧客価値経営」が重要である。もちろん売上も大事だが、企業を継続するための目的ではなく、目指すべき方向へ進むための手段でしかない。経営全体が「価値ある方向」に進むために、いくつかの選択肢の中からお客さま、社員、株主、組織、社会などにとって、最も望ましい道を選択する経営スタイルでしか、中長期的に社員全員の力の結集を生み出せない。コロナ禍で経済社会のありようは一変し、経営のあり方にも大きな変革を迫っている。今後も同じような事象が起こりうると考えれば、普遍的な真理として顧客価値を考えた経営がますます求められていくだろう。

全体最適の人事制度改革は事業、組織、人事の三位一体で。

日本生産性本部
代表経営コンサルタント
元井弘

もとい・ひろし
1970年関西学院大学法学部卒。山九運輸機工（現山九）株式会社に勤務。社会保険労務士試験合格、中小企業診断士試験合格。77年日本生産性本部経営コンサルタント指導者養成講座終了。株式会社日本コンサルタント協会を経て、現在、日本生産性本部代表経営コンサルタント。

アルプス物流の人事制度の改定をコンサルティングした。人事の抜本的な改革から3年たち、初期の成果が表れてきたようだ。人事制度の改定は、従業員にとっては「立場や賃金などはどう変わるのか」を意識するが、本来は採用、育成、配置、活用、評価、処遇など幅広いテーマに関係する。人事制度の改定は痛みを伴い、全社員が恵まれる仕組みをつくるのは大変だ。人事制度は構築することよりも、環境に対応しながら運用・改善することの方が難しいとも言われる。アルプス物流の人事改革は、体系的に取り組んだことがポイント。ビジネスステージがグローバルになるほど、ローカルで活躍する人材の強化も必要になる。それを将来に向けてどのように準備していくかは大きな課題となり、人事制度による道筋が必要になってくる。事業、組織、人事というのが三位一体となり、全体最適となることが重要だ。

日本企業は、生産性への「執着」が弱い。

学習院大学
経済学部教授
守島基博

もりしま・もとひろ
1980年慶應義塾大学文学部社会学専攻卒業。86年イリノイ大学（米国）産業労使関係研究所博士課程修了。サイモン・フレーザー大学（カナダ）経営学部助教授。90年慶應義塾大学総合政策学部助教授。2017年より現職。

人なくして経営なし。人なくして企業なし。日本の経営者がずっと言ってきたことであり、それは真実である。そして、人材投資は重要なひとつの生産性向上の手段だが、最近、日本の人材育成が変質しているとの指摘がある。日本の人材投資は減少傾向にあり、ＧＤＰに占める比率も諸外国に比べて少ない。日本企業はＯＪＴが得意で大好きだが、経営層はその費用も効果も把握できていない。一方、米国は、人材を獲得するために多くの資金を投じる。生産性が高い人材の確保を強烈に意識する。そのため、獲得した人材が投資に見合った成果を出しているのかをかなり注意してみる。

日本と米国とでは、生産性への執着に差があると言わざるを得ない。米国の人材育成は自律化と個別化が進んでいる。一般社員の教育は自分で学ぶように促す仕掛けであり、経営リーダーの育成は、アセスメントやコーチングを活用するなど、お金をかけても、一人ひとりにカスタマイズする。

都市圏の大手企業に勤める技術者の兼業・副業に期待。金曜日は地方の中小企業でＤＸの指導をいただきたい。

ＪＡＭ
会長
安河内賢弘

やすこうち・かたひろ
１９９７年九州大学農学部農業工学科卒業、井関農機入社。２０１３年ＪＡＭ井関農機労働組合中央執行委員長、ＪＡＭ四国執行委員長、15年ＪＡＭ副会長、17年ＪＡＭ会長。

今度こそ、真剣に地方分権をやり切らないといけない。そのときに鍵となるのが地方に点在する中小企業であり、中小企業を積極的に評価すべきだと考える。日本は起業も廃業も少ない国で、こうした状況は必ずしも健全ではない。欧州では、初等教育の段階から中小企業で働くこと、中小企業を起業することについて学んでいる。日本の「中小企業憲章」が神棚に上がっていて、欧州の「中小企業憲章」は命が吹き込まれているという差なのだろう。デジタルトランスフォーメーション（DX）は中小企業にとって一発逆転のチャンスの鍵となる。人材が不足しており、それを補う意味で、大企業の副業・兼業には大きな期待を寄せている。例えば、都市圏の大手企業に勤める技術者に、金曜日だけは地方に行って、ご指導いただけるといったような、さまざまな形の人材交流の中からDXの実装を進めることはできないものだろうかと考えている。

組織をガラガラ変えた向こうに、新しい地平線が広がっている。

東京大学
大学院経済学研究科教授
柳川範之

やながわ・のりゆき
1993年東京大学大学院経済学研究科博士課程終了、2011年同教授。NIRA総合研究開発機構理事、日本応用経済学会理事、法と経済学会理事、事業再生実務者協会常務理事。

デジタル化は、いろいろなものも一緒に変える必要があり、その意味では規制改革も重要だ。個人情報保護の観点を含めた課題を解決して、経済活動を充実したものにすることも求められている。これはコロナ対策としても必要で、企業の戦略をデータドリブンなものにしていくためにも欠かせない。そして、デジタル化を成功させるために何よりも重要なのは、組織をガラガラと変えること。例えば、100人分の仕事をしてくれるロボットを導入しても、100人がそのまま働くのであれば、ロボットのコストがかさむだけで新しいイノベーションは生まれない。100人を、よりイノベーティブで、新しいアイデアを生み出せるようなところに異動してもらい、イノベーションを起こしてもらうことで初めて、イノベーティブな組織になる。組織をガラガラと変えた向こうに、新しい地平線が開ける。それを企業が理解することが、デジタル化の加速には不可欠だ。

海外子会社で採用する人材への意識を高めてもらいたい。

慶應義塾大学
大学院経営管理研究科准教授
山尾佐智子

やまお・さちこ
1995年津田塾大学国際関係学科卒業。財団法人海外技術者研修協会勤務、神戸大学およびマンチェスター大学（イギリス）での修士課程を経て、2009年モナッシュ大学（オーストラリア）経営学博士号を取得。同年から16年まで同国メルボルン大学にて教鞭をとる。17年より現職。

日米の人事責任者へのヒアリング調査から、日本企業の人材投資の実態と今後の方向性を探った。ほぼすべての調査対象企業が、人材投資の費用対効果、次世代リーダーの育成、企業理念・組織文化の浸透の3つを共通課題として挙げる。日本企業は、流通業やアパレル業の売り場に立つパートや非正規従業員にも、自分たちの企業理念や組織文化を意識してもらおうという意識が強いが、そういったことをグローバルに行う米国の会社と比べると不十分な面もある。

国際経営・国際人事を専門に研究している立場からは、海外子会社で採用している人材の登用に気を配る日本企業がもっと出てきてもらいたい。また、外部採用型（中途採用中心）の企業は、優秀な人材の獲得とリテンションのため、労働生産性を上げるための便宜（福利厚生）に注意を払う。内部育成型（新卒採用中心）が多い日本企業の中にも、外部労働市場の動向に敏感な企業も出てきている。

働くことで歓びや幸せを感じることに役立つ会社でありたい。

リコー
社長
山下良則

やました・よしのり
広島大学工学部卒業後、１９８０年リコーに入社。リコー初の海外部品調達事務所開設をはじめ、フランス工場や中国工場の立ち上げ、英国生産会社の管理部長、米国生産会社の社長など、グローバル生産体制の確立に従事。本社の経営企画、基盤事業担当を経て、２０１６年副社長、17年から社長執行役員。

リコーが創業時から掲げる経営理念に「人を愛し、国を愛し、勤めを愛す」という三愛精神がある。「人を愛す」は社員を大切にする経営であり、お客さまを大切にする事業活動、「国を愛す」は今に置き換えると地球を愛すということ、「勤めを愛す」は仕事に熱意と責任感をもって取り組むことだと私は思う。コロナ禍はすべての仕事の根源的な目的を見直す良い機会だ。私自身、現在の会社の形はお客さまに価値を提供するのに最適な形となっているかを自分自身に問いかけている。そして、ゼロベースでお客さまに価値を提供し続ける組織とプロセスを一から作り上げているところだ。今後リコーがどんな会社になっていたいかを考え、辿り着いたのが「〝はたらく〟に歓びを」という価値だ。働くことで歓びや幸せを感じることに役立つ会社でありたいと考えた。私たちの存在意義を明確にして社員に共有していくことが大事だ。

地方分権は終焉し、開放型社会の到来へ。人が自由に動ける明るい未来を創ろう。

京都産業大学
学長特別補佐・
法学部教授
前京都府知事
山田啓二

やまだ・けいじ
東京大学法学部卒業後、自治省（現・総務省）入省。京都府総務部長、京都府副知事を経て、２００２年に京都府知事選に初当選。以降４期16年を務め、全国知事会会長にも就任した。18年の任期満了をもって退任後、京都産業大学学長補佐、法学部教授に就任。

地方分権の時代は、「国と地方の協議の場」が法制化された２０１１年にピークを迎え、成長時代から人口減少時代への転換とともに終焉した。今は分権よりも連携と共有、限られた人の力をいかに活用するかを考える時代になった。地方自治が、人を縛るのではなく、人が自由に動けて、何役もこなし、その能力を最大限発揮できるものになれば、未来は明るい。コロナ禍で「仕事オンリーからの自由」「居住の自由」を手に入れようとしている。地方移住の前に、自由に暮らせる、自由に動ける環境をつくることが必要だ。日本ではやってはいけなかったワーケションやブレジャーを認める意識に変わろうとしている。デジタルは閉鎖型社会を開放型社会に変える方向へと進むべきだ。人口減少時代は、人に対する規制緩和を急ぐべきだ。公・共・私を分けず、公と私を自由に行き来できる「半公半私」の実現を考えよう。ＩｏＴやＭａａＳは高齢者にも移動の自由を与える。今こそ、人を自由にする未来をつくろうではありませんか。

エンゲージメントの視点でコロナ禍を考える。

第一生命保険
会長
渡邉光一郎

わたなべ・こういちろう
1976年第一生命保険入社、2010年第一生命保険社長、16年第一生命ホールディングス社長、17年会長。

コロナ禍で改めて顧客や従業員をはじめとしたステークホルダーのエンゲージメントが重要になっている。第一生命保険ではＱＯＬ（クオリティオブライフ）の向上という方針を掲げているが、コロナ禍においては、各支社で「地域のためにできることは何か？」を自発的に考え、行政のお手伝いのほか、学校給食停止によって出た廃棄食料を買い取るなど、多岐にわたったＱＯＬ向上活動が行われた。この間に従業員満足度調査（ＥＳ調査）を行ったところ、従来よりも大幅に向上した。パンデミックの危機対応という視点だけでなく、エンゲージメントの視点でこの危機を捉えることも必要だと思う。コロナ禍でいやでも未来を見ないといけなくなってしまった。近年は行きすぎた資本主義の見直しが進み、サステナブルな資本主義、ステークホルダー型の資本主義が世界の潮流になりはじめた。これからの経営は世界的な潮流の中でどう自社を位置づけていくか、そしてステークホルダーを含めてエンゲージメントをいかに高めていくかが大事になる。

ジュニア・アカデメイア（政策提言プロジェクト）

日本生産性本部が事務局をつとめる日本アカデメイアでは、「公共人材を育てる」とのミッションに基づき、2015年より、志ある大学生・大学院生を対象とした主権者教育の場「ジュニア・アカデメイア」を運営しております。一方通行の講義ではなく、学生が主体となり、日本が直面する解決困難な課題について学び、考えることを主眼としたものです。

ジュニア・アカデメイア
第五期生
伊藤英里奈

いとう・えりな
一橋大学
国際・公共政策大学院
修士2年生

政治の議論が真実に迫る力を育てる。

政治的中立性を保ちながら、学校教育で政治について議論することは難しいかもしれないが、政治の議論を行う機会を学校教育に取り入れることで、社会に対する問題意識を持ち、主張の仕方を学ぶことに役立つのではないか。メディアなどの意見に左右されずに、真実に迫る力をつけるためにも必要なこと。日本の民主主義の根元を支えるのは教育だ。

ジュニア・アカデメイア
第五期生
井村つむぎ

いむら・つむぎ
上智大学
外国語学部
4年生

当事者の生活に届く政策提言とは。

ジュニア・アカデメイアで移民政策について提言したが、厳しい環境下にある外国人労働者の生活は改善していない。私の取り組みを自己満足で終わらせないためには、どうすれば良いのか考えている。民間の有識者らの意見も多く聞くが、反映されている実感がない。民間の意見がどのようにしたら実際の法制度改革につながるのだろうか。国政に届けるルートや身近でオープンな議論の場を新たにつくる必要があるのかもしれない。

ジュニア・アカデメイア
第四期生
大木菜生

おおき・なお
慶應義塾大学
法学部
4年生

場所に縛られない地方創生を。

地方創生は、一極集中の是正や地方移住政策の推進など「人の移動ありき」だ。場所に縛られない生活が可能になったこの時代こそ、オンライン雇用の創出、IoTの活用など、自立したまちづくりをしながら、生活の幅を狭めず、人の移動を伴わない地方創生を模索していくべきだ。状況を変えるタイミングは、コロナ禍を経験をした今かなと思う。

ジュニア・アカデメイア
第四期生
尾谷祐樹

おだに・ゆうき
東京大学
法学部
4年生

個人がいかに情報を受信するか。

未来を考える基礎に民主主義があり、多様な未来を描く個人が存在していることが重要だ。しかし、今の個人は外からつくり上げられているのではないだろうか。個人が発信できるのはインターネットのおかげだが、外からの情報は自覚することが困難なより深い次元に働きかけつつあるのではないか。個人の多様性という点では、あまり楽観的になれない。

ジュニア・アカデメイア
第四期生
山本真央

やまもと・まお
お茶の水女子大学
生活科学部
3年生

「あなたと私は違う」という想像力。

生き辛さは、他者への想像力を持つことで軽減され、そのためには多様性を受け入れることが必要。ここでいう多様性とは国籍などの違いではなく、「あなたと私は違う」というもの。日本社会の生き辛さを軽減するため、経営者や政治家らリーダーに多様性を受け入れてもらいたいが、政治家の発言には、他者に寄り添う想像力がないものが目立つ。

【日本生産性本部について】

日本生産性本部は、1955（昭和30）年、わが国産業の生産性運動の中核組織として、「生産性向上対策に関する閣議了解」に基づき設立された民間団体です。経済界、労働界、学識者の三者により構成され、戦後の日本経済の復興とその後の高度経済成長の実現に、民間の立場から寄与してきました。

当本部は、2021年度からの３カ年を「改革実践の３年」と位置づけ、「日本の改革と生産性運動の新展開」との第２次中期運動目標を掲げ、生産性改革や社会経済システム改革に向けた合意形成活動や政策提言、中核人材の育成、成長と分配の好循環の創出、国際連携活動の強化等を中心に活動を推進してまいります。